आनंदमठ

आनंदमठ

बंकिमचंद्र चट्टोपाध्याय

रुद्र

First published in India in 2022 by
Rudra Publishers & Distributors

ISBN: 978-93-93458-03-2

Rudra Publishers & Distributors
S-1, 5/587, Sector-5, Vaishali,
Ghaziabad- 201002, Mobile: 8447279204
Email: rudrapubdis@gmail.com

Printed and Bound in
Delhi

₹ 650/-

अनुक्रम

पहला खण्ड

1	11
2	16
3	18
4	20
5	23
6	26
7	28
8	31
9	35
10	37
11	44
12	49
13	58

14	61
15	64
16	72
17	75
18	78

दूसरा खण्ड

1	83
2	89
3	92
4	96
5	100
6	103
7	105
8	110

तीसरा खण्ड

1	117
2	121
3	125
4	128
5	136
6	140
7	142

8 145
9 148
10 152
11 156
12 161

चौथा खण्ड

1 167
2 172
3 174
4 177
5 180
6 185
7 190
8 195

पहला खण्ड

1

११७६ साल की गर्मी में एक दिन पद चिन्ह गांव में धूप बेहद तेज थी। गांव में घर तो बहुत थे पर आदमी का कहीं पता न था। बाहर में कतार की कतार दुकानें, हाट में चालों की पांत, बस्ती–बस्ती में मिट्टी के सैकड़ों घर, कहीं–कहीं छोटी–बड़ी इमारत भी। लेकिन सब आज चुपचाप। दुकानें बंद पड़ी थीं, दुकानदार कहां भाग गए, पता नहीं। आज पैठ लगने का दिन, लेकिन पैठ नहीं लगी। भीख का दिन, पर भिखमंगे मांगने नहीं निकले। जुलाहे करघा बंद करके रो रहे थे; कारबारी कारबार छोड़कर बच्चे को गोद में लिए रो रहे थे; दाताओं ने खैरात बंद कर दी थी, गुरुओं ने पाठशाला बंद कर दी थी, बच्चे भी शायद साहस से रो नहीं रहे थे।

सड़कों पर राही नहीं, घाट पर नहाने वाले नहीं, घर के दरवाजों पर आदमी नहीं, पेड़ों पर पंछी नहीं, चरोखर में गौएं नहीं–केवल मसानों में कुत्ते–गीदड़। एक ऊंची इमारत–लंबी छड़ों वाला उसका खंभा दूर से दिखाई देता–लगता था, इमारत के उस जंगल में पहाड़ की चोटी हो। मगर शोभा की क्या, द्वार बंद पड़े थे, लोग–बाग नहीं, सन्नाटा पड़ा–हवा तक के प्रवेश में बाधा। अंदर

कमरे में दोपहर को भी अंधेरा और उस अंधेरे में रात में फूले दो फूलों जैसी एक युगल जोड़ी बैठी सोच रही थी। उनके सामने था अकाल। पिछले साल फसल अच्छी नहीं हुई लिहाजा ११७५ साल में चावल कुछ महंगा हुआ। लोगों को तकलीफ हुई लेकिन राजा ने पाई–पाई लगान वसूल की। लगान की पाई–पाई चुकाकर बेचारे गरीबों ने एक जून भोजन किया। ११७५ की बरसात में अच्छी बारिश हुई। लोगों ने समझा ईश्वर की कृपा हुई। चरवाहों ने खुशी से तानें छेड़ीं; खेतिहारों की पत्नियों ने चांदी की पहुंची के लिए जिद शुरू की। हठात आश्विन में देवता विमुख हो गए। कुआर–कार्तिक में एक बूंद भी पानी न पड़ा। खेत की खड़ी लहलहाती फसल सूखकर बिचाली हो गई। किसी को थोड़ा–बहुत धान हुआ भी तो राजा के लोगों ने उसे सिपाहियों के लिए खरीद लिया। लोगों को भोजन नसीब नहीं। पहले एक सांझ उपवास, फिर एक सांझ भी आधा पेट और फिर दोनों शाम फाका। चैती फसल जो हुई, वह किसी के मुंह तक न पहुंची। लेकिन वसूली के मालिक मुहम्मदरजा खां ने सोचा, मैं इसी समय सरफराज बनूंगा। उसने एकबारगी सैकड़े दस रुपया कर बढ़ा दिया। बंगाल में बड़ा हाहाकर मच गया।

लोग भीख मांगने लगे, लेकिन भीख भी कौन दे! उसके बाद भूखे रहने की नौबत। बीमार पड़ने लगे। मवेशी बेचा, हल बेचा, बीज के लिए रखा हुआ धान खा गए, घर–द्वार बेच डाला। जोत–जमा बेचा। उसके बाद बच्चों को बेचना शुरू किया, स्त्री को बेचने लगे। लेकिन आगे चलकर बच्चे–बीवी को खरीदे कौन?

सब बेचने ही वाले थे, खरीदार नदारद। लोग पत्ते चबाने लगे, घास खाने लगे। इतरों ने चूहा, बिल्ली, कुत्ता खाना शुरू किया। बहुत से लोग भागे। जो भागे, वे जहां गए, वहीं भूखों मर गए। और जो कहीं भागे नहीं, वे अखाद खा–खा कर या अनखाए बीमार पड़कर चल बसे। रोग को मौका मिल गया। बुखार, हैजा, तपेदिक,

चेचक। खासकर चेचक का बड़ा प्रकोप बढ़ा। घर–घर चेचक। लोग दम तोड़ने लगे। कौन किस की सुध ले। कोई किसी का इलाज नहीं करता, देखभाल नहीं करता—मरने पर कोई किसी को फेंकने वाला नहीं।

सुंदर से सुंदर शरीर महलों में सड़ने लगा। जिस घर में चेचक का प्रवेश होता, लोग रोगी को छोड़कर भाग खड़े होते। महेंद्रसिंह पद चिन्ह गांव के बहुत बड़े धनवान थे—मगर आज धनी–निर्धन का भाव एक ही था। मुसीबत की इस घड़ी में बीमार हो–होकर उनके अपने–सगे, नौकर–चाकर सब उन्हें छोड़ गए। कोई तो मर गया, कोई भाग गया। इतने बड़े परिवार में सिर्फ वे, उनकी स्त्री और एक नन्ही बच्ची—यही रह गए थे। मैं उन्हीं की बात कह रहा था।

उनकी पत्नी कल्याणी ने चिंता छोड़ दी। उठी और गुहाल में जाकर अपने से गाय को दुहा। दूध उबाल कर बच्ची को पिलाया और तब गाय को घास–पानी देने गई। लौटकर आई, तो महेंद्र ने कहा, ''ऐसे कै दिन चलेगा।''

कल्याणी ने कहा, ''जब तक चल सके, मैं चलाती हूं—उसके बाद बच्ची को लेकर तुम शहर चले जाना।''

महेंद्र, ''शहर जाना ही है तो फिर तुम्हें इतना कष्ट क्यों दूं। चलो, अभी ही चले चलें।''

दोनों में काफी वाद–विवाद हुआ।

कल्याणी, ''शहर जाने से कोई खास लाभ होगा क्या?''

महेंद्र, ''वह जगह भी ऐसी ही सूनी और जीने के उपायों से खाली हुई हो शायद।''

कल्याणी, ''मुर्शिदाबाद, कासिमबाजार या कलकत्ता जाने से जान बचेगी। हर तरह से इस जगह को छोड़ना ही उचित है।''

महेंद्र ने कहा, "इस घर में बहुत दिनों से पुरखों द्वारा जमा किया हुआ धन भरा है। उस सारी दौलत को चोर ले जाएंगे।"

कल्याणी ने कहा, "और रहकर भी क्या हम दोनों लुटेरों से उस दौलत को बचा पाएंगे? जिंदा ही रहेंगे तो इस धन को भोगेगा कौन? चलो, सब कुछ छिपा–छुपाकर हम चले चलें। जिंदा रह गए तो लौटकर धन का भोग करेंगे।"

महेंद्र ने पूछा, "तुम पैदल चल सकोगी। पालकी के कहार तो सब मर गए। गाड़ी है तो बैल नहीं हैं और बैल हैं तो गाड़ी नहीं।"

कल्याणी बोली, "मैं पैदल चलूंगी, तुम फिक्र न करो।" उन्होंने मन में सोचा, मैं चाहे राह में ही मर जाऊं, मगर ये तो बच जाएंगे।

दूसरे दिन सुबह वे तैयार हुए। पास में जरूरत भर रुपए रखे और तमाम ताला–कुंजी बंद कर दी। गौओं को खोलकर छोड़ दिया। छोटी बच्ची को गोदी में उठाकर राजधानी की तरफ चल पड़े। चलते समय महेंद्र ने कहा, "रास्ता बड़ा बीहड़ है। कदम–कदम पर डाकू और लुटेरे हैं– खाली हाथ चलना ठीक न होगा।" सो वे लौटे, घर को खोला और बंदूक तथा कुछ गोली बारूद ले आए।

यह देखकर कल्याणी ने कहा, "जब हथियार की याद दिलाई तो जरा देर तुम सुकुमारी को सम्हालो, मैं भी अस्त्र ले आई।"

कल्याणी ने महेंद्र की गोद में बच्ची को दिया और अपने मकान के अंदर गई।

महेंद्र ने कहा, "तुम भला कौन–सा हथियार लोगी?"

कल्याणी जहर की एक डिबिया ले आई और अपने कपड़े में उसे सहेजा। विपत्ति के दिन, जाने नसीब में क्या बदा है, इसलिए कल्याणी ने जहर जुटाकर रखा था। जेठ का महीना। चिलचिलाती धूप। धरती जल रही थी। हवा जैसे अंगारे छींटती हो।

आसमान तपे तांबे के चंदोवे–सा, राह की धूल चिनगारी–सी। कल्याणी रुक–रुककर जाने लगीं। कभी बबूल की छांव में तो कभी खजूर की छांव में। सूखे पोखरे का कदोड़ पानी पी–पीकर बड़े कष्ट से चल रही थीं। बच्ची थी महेंद्र की गोद में। कभी–कभी वे उसे हवा कर देते। एक लता घिरे, फूलों से भरे छाया–सघन पेड़ की छांह में दोनों जने जरा सुस्ताए। कल्याणी की सहन–शक्ति देखकर महेंद्र विस्मित हुए। पास से कपड़ा भिगो लाए और अपने तथा कल्याणी के आंख–मुंह, पांव को भिगोया।

कल्याणी को थोड़ी राहत जरूर मिली, लेकिन भूख से दोनों बहुत अकुलाए। अपनी भूख तो फिर भी सह्य थी, किंतु बच्ची की भूख–प्यास नहीं सही जा रही थी। सो वे फिर आगे बढ़े। आग की उन लहरों से जूझते हुए आखिर सांझ को एक चट्टी में पहुंचे। महेंद्र को बड़ी उम्मीद थी कि यहां स्त्री–बच्ची के मुंह में अन्न–जल दे पाएंगे। मगर लोग कहां यहां तो कोई नहीं! बड़े–बड़े कमरे हैं, मगर लोग भाग गए हैं। महेंद्र ने इधर–उधर गौर किया और स्त्री तथा बच्ची को एक कमरे में सुलाया। स्वयं बाहर जाकर हांक–पुकार करने लगे। कोई जवाब नहीं मिला कहीं से। उन्होंने कल्याणी से कहा, "तुम जरा हिम्मत करो, कुछ देर अकेली रहो, भगवान कृष्ण कृपा करें, कहीं अगर गाय हो, तो मैं दूध ले आऊं।" और वे मिट्टी का मटका उठाकर बाहर चले गए। मटके वहां बहुत पड़े थे।

2

महेंद्र चले गए। कल्याणी उस अंधेरे कमरे में अकेली बच्ची को लिए चारों तरफ देख रही थीं। मन में बड़ा डर लग रहा था। कहीं कोई नहीं। आदमी की आवाज नहीं—कुत्ते—स्यार के ही भौंकने का शब्द सुनाई पड़ रहा था। जी में आने लगा, नाहक ही उन्हें जाने दिया। भूख—प्यास ही और कुछ देर बर्दाश्त कर लेती। सोचा, कमरे को अंदर से बंद करके बैठूं। लेकिन एक भी दरवाजे में न तो किवाड़ था, न कड़े। इसी तरह चारों ओर सतर्क निहार रही थीं कि सामने के दरवाजे पर कोई छाया—सी दिखी। आकृति मनुष्य की सी लग रही थी, पर आदमी भी नहीं लग रहा था। बहुत ही सूखा—सूखा, दुबला, घोर काला विराट मनुष्य के आकार का दरवाजे पर आकर रुका। जरा देर बाद उस छाया ने मानो हाथ उठाया। हाड़—चाम सार बहुत ही लंबे—दुबले हाथ की लंबी पतली अंगुली के इशारे से किसी को मानो बुलाया। कल्याणी की रूह कांप गई। और तब वैसी ही दूसरी एक छाया—सूखी, काली, लंबी, नंगी—पहली छाया के पास आकर खड़ी हो गई। उसके बाद तीसरी आई। कितनी आईं और आ—आकर चुपचाप कमरे में प्रवेश करने लगीं। वह अंधेरा कमरा रात

के मरघट–सा डरावना हो उठा। उन प्रेतमूर्तियों ने कल्याणी और उस बच्ची को घेर लिया। कल्याणी लगभग मूर्च्छित हो पड़ी। उन काली मूर्तियों ने कल्याणी और उसकी बच्ची को उठा लिया और उन्हें मैदान पार करके एक जंगल में ले गए।

थोड़ी देर के बाद महेंद्र दूध लेकर लौटे। देखा, वहां कोई नहीं। इधर–उधर देखा, बच्ची फिर स्त्री का नाम ले–लेकर पुकारा, कोई जवाब न मिला, कोई पता न चला।

3

जिस जंगल में लुटेरों ने कल्याणी को ले जाकर उतारा, वह बड़ा ही मनोहर था। प्रकाश नहीं था, न ही शोभा देखने की दृष्टि थी—गरीब के मन की सुंदरता की तरह उस वन की शोभा अनदिखी ही रही। मुल्क में अनाज रहे न रहे, वन में फूल थे और उन फूलों की खुशबू से अंधेरे में भी प्रकाश लग रहा था। एक साफ–सुथरी कोमल घासों वाली जगह में लुटेरों ने उन्हें उतारा। उतार कर घेर लिया। घेर कर आपस में बातें करने लगे, अब इनका किया क्या जाए! कल्याणी के पास जो थोड़े–से गहने थे, उन्हें तो उन्होंने पहले ही हथिया लिए थे। कुछ लोग गहनों के बंटवारे में जुटे थे। गहनों का बंटवारा हो गया तो एक ने कहा, ''आखिर यह सोना–चांदी लेकर हम क्या करेंगे? एक गहना लेकर कोई मुझे मुट्ठी भर चावल दे दो। भूख से जान निकली जा रही हैंआज सिर्फ पेड़ का पत्ता चबाकर रहना पड़ा।'' एक का यह कहना था कि सभी वही कहकर शोर मचाने लगे। चावल दो, चावल। मारे भूख के प्राण निकल रहे हैं। सोना–चांदी नहीं चाहिए। दल के सरदार ने रोकना चाहा, मगर कौन सुने? बातों से गाली–गलौज और हाथापाई की नौबत आई।

हिस्से में जिन्हें जो गहने मिले थे, सब ने सरदार के पैरों पर फेंक दिए। सरदार ने दो—एक को पीटा। नतीजा यह हुआ कि सबने मिलकर सरदार की खबर लेनी शुरू की। भूख से सरदार कमजोर और लाचार था ही, दो ही एक आघात में गिर पड़ा और मर गया। भूखे, नाराज और जोश से अपने—आपको भूले हुए लुटेरों में से एक ने कहा, ''स्यार—कुत्ते का गोश्त खाया है, भूख से जान जा रही है, आओ, आज कंबख्त सरदार को ही खाएं।'' सबने काली माता की जय का नारा बुलंद किया। बम वाली—आज नर मांस खाएंगे। और वे लंबी—दुबली काली मूर्तियां अंधेरे में खिल—खिलाकर हंसने लगीं, ताली बजाकर नाचने लगीं। लाश को पकाने के लिए एक आदमी आग की जुगत करने लगा। सूखी घास, पत्ते, लकड़ी बटोर कर चकमकी से आग जलाई। आंच से आस—पास के आम, ताड़, जामुन, खजूर आदि पेड़ों के हरे पत्ते थोड़ा—बहुत चमकने लगे। कहीं पत्ते जोत से जलने लगे, कहीं घास चमकने लगी और कहीं अंधेरा और भी गाढ़ा हो उठा! आग जल उठी। एक आदमी घसीट कर लाश को उस पर डालने लगा, तो एक ने कहा, ''रहने दो, छोड़ो—अगर नरमांस से ही आज जान बचानी है तो फिर बुड्ढे का सख्त—सूखा मांस क्यों खाएं? आज जिसे पकड़ कर लाए हैं, उसको खाएंगे।'' एक ने कहा, ''जो भी हो, पका भैया। और नहीं सही जाती भूख।'' इस पर सबने उस तरफ ताका, जहां बच्ची के साथ कल्याणी पड़ी थी। देखा, वह जगह खाली पड़ी है। न बच्ची है, न उसकी मां। जब ये लोग आपस में झगड़ रहे थे, बच्ची को दूध पिलाती हुई कल्याणी मौका देखकर खिसक पड़ी थी। शिकार हाथ से निकल गया देखकर सब मार—मार का शोर करते हुए चारों तरफ दौड़े। समय पर आदमी हिंसक जंतु हो जाता है।

4

जंगल में बड़ा ही अंधकार। कल्याणी को रास्ता नहीं सूझ रहा था। एक तो लता पेड़–कांटों से जंगल यों ही घना, तिस पर अंधेरा। उसी हालत में जंगल को चीर कर कल्याणी अंदर जाने लगीं। बच्ची के बदन में कांटे चुभने लगे। वह जब–तब रो उठने लगी, जिसे सुनकर लुटेरे और भी शोर करने लगे। लहू–लुहान होकर आखिर कल्याणी जंगल में बहुत दूर तक चली गई। थोड़ी देर के बाद चंद्रमा उगा। अब तक उन्हें कम से कम यह भरोसा था कि अंधेरे में लुटेरे उन्हें देख नहीं पाएंगे। चंद्रमा के उगने से वह भरोसा भी जाता रहा। चांद ने जंगल पर चांदनी उंडेल दी। वन के अंदर का अंधेरा चांदनी से भीग गया। प्रकाश–सा हो गया। फांकों से चांदनी जंगल को उझक झांकने लगी। चांद जितना ही ऊपर उठने लगा, जंगल में प्रकाश उतना ही प्रवेश करने लगा। अंधेरा और भी छिपने लगा। बच्ची को लिए कल्याणी और भी छिपने की कोशिश करने लगी। उधर लुटेरे शोर कर रहे थे, जिससे नन्ही बच्ची डर से रह–रह कर रो उठती और लुटेरे और भी ज्यादा चीख उठते। चारों तरफ दौड़ना शुरू कर देते। कल्याणी ने लाचार भागने की चेष्टा छोड़ दी। एक बहुत बड़े पेड़ के नीचे घास पर गोदी में बच्चे

को लिए पुकारने लगी, 'हे मधुसूदन, कहां हो तुम! मैं नित्य तुम्हारी पूजा करती हूं, प्रणाम करती हूं, तुम्हारे ही भरोसे इस घने जंगल में भागने का साहस किया....कहां हो तुम।' इतने में भय, भक्ति की तन्मयता और भूख-प्यास के अवसाद से कल्याणी का बाहरी ज्ञान धीरे-धीरे खो गया और भीतर की चेतना जाग-सी उठी। उन्होंने सुना, अंतरिक्ष में स्वर्गिक स्वर में कोई गा रहा है-

हरे मुरारे मधुकैटभारे,

गोपाल गोविंद मुकुंद शौरे।

हरे मुरारे मधुकैटभारे,

कल्याणी बचपन से ही सुनती आई थीं कि देवर्षि नारद वीणा पर हरिनाम गाते हुए सर्वत्र घूमा करते हैं। सो, उनके मन में वही कल्पना जागने लगी। अपने मन में वह देखने लगीं कि श्वेत शरीर, शुभ्र दाढ़ी केश, श्वेत वस्त्रधारी महामुनि हाथ में वीणा लिए चांदनी से आलोकित आकाश-मार्ग में गा रहे हैं-

हरे मुरारे मधुकैटभारे

स्वर धीरे-धीरे समीपतर होने लगा, गीत और भी स्पष्ट सुन पड़ने लगा-

हरे मुरारे मधुकैटभारे

क्रमशः और भी पास, और भी साफ-

हरे मुरारे मधुकैटभारे

और अंत में जंगल को गुंजाता हुआ स्वर कल्याणी के ऊपर आकर

मंडराने लगा-

हरे मुरारे मधु कैटभारे

कल्याणी ने आंखें खोलीं। वन में अंधेरे और चांदनी की आंख मिचौनी में देखा, वही श्वेत शरीर, शुभ्र दाढ़ी–केश, श्वेत वस्त्रधारी मुनि खड़े हैं। सुहार्द्र चेतना में कल्याणी ने प्रणाम करने की सोची, लेकिन न कर सकीं। सर झुकाने गईं कि बेहोश होकर गिर पड़ीं।

5

जंगल में शिलाखंडों से घिरी एक जगह में एक मठ। पुरातत्व का कोई पंडित देखता, तो बताता कि पहले वह बौद्धों का विहार रहा होगा, अब हिंदुओं का मठ हो गया है। भवन दो मंजिला। बीच में विभिन्न देवताओं के मंदिर और सामने नाट मंदिर। दीवारों से घिरा। फिर जंगल के पेड़ों से इस तरह ढंका कि दिन में भी बहुत पास से किसी को वहां पर इतनी बड़ी इमारत होने का पता नहीं चलता। मकान के हिस्से जहां–तहां टूटे हुए, पर दिन को देखने से मालूम पड़ जाता कि हाल में उसकी मरम्मत की गई है। देखते ही समझ में आता कि इस बीहड़ जंगल में भी आदमी रहते हैं। मठ के एक बड़े कमरे में लकड़ी का एक कुंदा जल रहा था। होश आने पर कल्याणी ने देखा, सफेद वस्त्र वाले वे महापुरुष उसी के सामने बैठे हैं। अचरज से कल्याणी देखने लगीं, लेकिन स्मृति लौट नहीं रही थी। इतने में महापुरुष बोले, ''मां यह स्थान देवता का है। शंका मत करो। थोड़ा–सा दूध है, पी लो। फिर मैं तुमसे बातें करूंगा।''

पहले तो कल्याणी कुछ नहीं समझ सकीं, लेकिन धीरे–धीरे भरोसा हुआ तो गले में अंचरा डालकर महात्मा को प्रणाम किया।

महात्मा ने आशीर्वाद दिया। अंदर से मिट्टी का एक सुगंधित बर्तन ले आए और उसमें दूध गर्म किया। कल्याणी को दूध देकर कहा, ''मां, बच्ची को पिलाओ। आप भी थोड़ा–सा पी लो; उसके बाद बातें करूंगा।''

कल्याणी ने खुशी–खुशी बच्ची को दूध पिलाना शुरू किया। महात्मा जी यह कहकर मंदिर से बाहर चले गए कि मैं अभी आता हूं। मेरे आने तक कोई चिंता न करना। थोड़ी ही देर में लौटकर आए। देखा, कल्याणी ने बच्ची को तो दूध पिलाया, लेकिन आप नहीं पिया। दूध ज्यों का त्यों धरा था। नाम का ही खर्च हुआ था। महात्मा ने कहा, ''मां, तुमने दूध नहीं पिया। मैं फिर बाहर चला जाता हूं। जब तक दूध नहीं पी लोगी, नहीं लौटूंगा।''

मुनि जैसे वे महापुरुष बाहर जाने लगे। फिर से प्रणाम करके कल्याणी ने हाथ जोड़ा।

महात्मा ने पूछा, ''कुछ कहना है?''

कल्याणी बोली, ''आप मुझ दूध पीने का आदेश न दें–पीने में मुझे बाधा है। नहीं पीऊंगी।''

महात्मा ने करुण स्वर में कहा, ''कौन–सी बाधा है? मैं बनवासी ब्रह्मचारी हूं।'' तुम मेरी बेटी सरीखी हो। ऐसी कौन–सी बात है, जो तुम मुझसे नहीं कह सकती। मैं जब तुम्हें बदहोशी की हालत में उठाकर लाया था, तब लगा था, तुम बेहद भूखी–प्यासी हो। नहीं खाओगी तो जिंदा कैसे रहोगी?''

इस पर बरसती आंखों से कल्याणी ने कहा, ''आप देवता हैं–मैं आपको सब बताऊंगी। असल में मेरे पति अब तक निराहार हैं; उन्हें बिना पाए या बिना यह सुने कि उन्होंने भोजन कर लिया है, मैं भला कैसे खा सकती हूं?''

ब्रह्मचारी ने पूछा, ''तुम्हारे पति कहां हैं?''

कल्याणी ने कहा, ''यह मैं नहीं जानती। वे दूध लाने के लिए बाहर गए थे। इस बीच लुटेरे मुझे उठा लाए।''

ब्रह्मचारी ने एक–एक सवाल करके कल्याणी और उसके पति के बारे में सारे तथ्यों का संग्रह किया। कल्याणी ने पति का नाम नहीं बताया, बता नहीं सकती थीं। लेकिन अन्य परिचयों से ब्रह्मचारी समझ गए। उन्होंने पूछा, ''तुम महेंद्र की स्त्री हो?'' कल्याणी चुप रहीं और जिस आंच में दूध गरम हो रहा था, सिर झुकाकर उसमें एक लकड़ी डाल दी। ब्रह्मचारी बोले, ''तुम मेरा कहा मानो, दूध पिओ। मैं तुम्हारे पति की खोज–खबर लाता हूं। अगर तुम दूध नहीं पियोगी, तो मैं नहीं जाऊंगा।''

कल्याणी ने पूछा, ''यहां पानी मिलेगा।'' ब्रह्मचारी ने घड़ा दिखाया। कल्याणी ने चुल्लू पसारा। ब्रह्मचारी ने उसमें पानी डाल दिया। पानी–भरा चुल्लू लिए कल्याणी बोलीं, ''आप इसमें अपने चरणों की धूल दें।'' ब्रह्मचारी ने चुल्लू में अपने अंगूठे का स्पर्श दिया। उस पानी को पीकर कल्याणी बोलीं, ''मैंने अमृत पी लिया, मुझे और कुछ पीने को न कहें। पति का समाचार मिले बिना मैं कुछ भी न खाऊंगी।'' ब्रह्मचारी ने कहा, ''तुम निःशंक इस मंदिर में रहो। मैं तुम्हारे पति की खोज में जा रहा हूं।''

6

रात काफी हो चुकी थी। चांद माथे के ऊपर। पूरा चांद नहीं। चांदनी उतनी तेज न थी। दूर तक फैले एक प्रांतर में वह धुंधली जोत पड़ रही थी। उस प्रकाश में प्रांतर के आर–पार नहीं दिखाई पड़ रहा था। प्रांतर में क्या है, कौन है, यह नहीं दिखाई पड़ रहा था। घोर सुनसान, मानो डर का घर हो। उसी ओर होकर मुर्शिदाबाद और कलकत्ता जाने का रास्ता था। रास्ते के किनारे एक छोटा–सा पहाड़। पहाड़ पर आम तथा ऐसे ही और पेड़। पेड़ों का ऊपरी हिस्सा चांदनी से चमचम करता हुआ कांप रहा था और काले पत्थर पर काली होकर उसकी छाया तरतर कांप रही थी। ब्रह्मचारी उस पहाड़ के शिखर पर खड़े होकर चुपचाप सुनने लगे। क्या सुनने लगे, पता नहीं। उस विशाल प्रांतर में भी कोई शब्द नहीं–सिर्फ पेड़ों का मर्मर। पहाड़ की तलहटी में एक जगह बड़ा जंगल। ऊपर पहाड़, नीचे सड़क और बीच में वह जंगल। वहां कैसी आवाज हुई, मालूम नहीं–ब्रह्मचारी उधर गए। घने जंगल में बैठे। देखा, पेड़ों के नीचे अंधेरे में लोग बैठे हैं कतार में। लंबे–लंबे, काले और हथियारों से लैस आदमी। पेड़ों की फांकों में आती हुई चांदनी में उनके चमकते

हथियार झकमका रहे थे। ऐसे कोई दो सौ आदमी बैठे थे—चूं भी नहीं कर रहे थे। ब्रह्मचारी धीरे-धीरे उनके बीच पहुंचे। जाने क्या तो इशारा किया। उनमें से कोई उठा नहीं, किसी ने कुछ कहा नहीं, कोई शब्द तक नहीं। वे एक तरफ से एक-एक को देखते हुए आगे बढ़े, जैसे किसी को ढूंढ़ रहे हों और वह मिल नहीं रहा है। खोजते-खोजते एक को पहचान कर उसके शरीर को छूकर कुछ इशारा किया। इशारा करते ही वह उठा। उसे साथ लेकर ब्रह्मचारी कुछ दूर पर आ खड़े हुए। वह आदमी जवान था। काली दाढ़ी-मूंछों से चांद-सा चेहरा ढंका, तगड़ा शरीर, देखने में सुंदर। पहनावे में गेरुआ, सर्वांग में चंदन की शोभा। ब्रह्मचारी ने कहा, "भवानंद, महेंद्र सिंह का कुछ पता है?"

भवानंद बोले, "महेंद्र सिंह आज अपनी स्त्री और बच्ची के साथ घर छोड़कर निकले थे, यही में"—

टोककर ब्रह्मचारी ने कहा, "चट्टी में जो कुछ हुआ है, मुझे मालूम है। लेकिन किया किसने?"

भवानंद बोले, "गांव के किसानों ने शायद। गांवों के किसान इस समय पेट की मार से डकैत हो गए हैं और इस समय डकैत कौन नहीं है? आज हम लोगों ने भी लूटकर खाया है। कोतवाल का दो मन चावल जा रहा था—वही छीनकर वैष्णवों के भोग में लगाया।"

हंसकर ब्रह्मचारी बोले—"मैंने महेंद्र की स्त्री और बच्ची को लुटेरों के हाथ से बचाया है। उन्हें अभी मठ में रखा है, अब तुम पर यह भार रहा कि महेंद्र को ढूंढ़कर उसकी स्त्री-बच्ची को उसके हवाले कर दो। यहां जीवानंद रहे, तो काम सधेगा।

भवानंद ने हामी भरी। ब्रह्मचारी चले गए।

7

चट्टी में बैठे–बैठे सोचते रहने से कोई नतीजा नहीं निकलेगा, यह सोचकर महेंद्र उठ खड़े हुए। नगर में जाकर राजपुरुषों की मदद से स्त्री–बच्ची का पता लगाने की सोच उठे और चले। कुछ दूर बढ़े कि देखा, एक बैलगाड़ी को घेर कर बहुत–से सिपाही चले जा रहे हैं।

११७३ के साल में बंगाल अंग्रेजों के शासन में नहीं आया था। अंग्रेज उस समय बंगाल के दीवान थे। कर वसूलते थे, परंतु बंगाल वासियों के जान–माल की रक्षा का जिम्मा नहीं लिया था। रुपया लेने के मालिक अंग्रेज थे और जान–माल की रक्षा का भार था पापी, नराधम, विश्वास घातक, नरकुलकलंक मीरजाफर पर। मीरजाफर अपने ही बचाव में असमर्थ था, बंगाल को कैसे बचाता? वह नशा करता और सोता। अंग्रेज रुपया वसूलता और डिस्पैच लिखता। बंगाल के लोग रोते और भाग्य को कोसते।

मतलब कि कर अंग्रेजों का पावना और शासन का भार नवाब का। जहां–जहां अंग्रेज कर की वसूली खुद करते थे, वहां–वहां उन्होंने एक–एक कलक्टर नियुक्त किया था। वसूल की हुई रकम

कलकत्ता भेजी जाती थी। लोग भूखे चाहे मरें, कर की वसूली बंद नहीं होती। खैर वसूली वैसी हुई नहीं थी। धरती माता धन न उपजाए तो धन पैदा करना किसी के वश की बात नहीं। जो भी हो, जो वसूली हुई थी, बैलगाड़ी पर लदकर सिपाहियों के पहरे में कंपनी के खजाने में कलकत्ता जा रही थी। लुटेरों का आतंक काफी बढ़ गया था। इसलिए गाड़ी के आगे–पीछे पचास हथियारबंद सिपाही संगीन ऊंची किए चले जा रहे थे। दल का मालिक था एक गोरा, जो घोड़े पर पीछे–पीछे जा रहा था। धूप की वजह से सिपाही दिन को नहीं, रात को चलते। चलते–चलते उन्हीं लोगों से महेंद्र को बाधा पड़ी। गाड़ी और सिपाहियों से रास्ता रुका देखकर महेंद्र एक किनारे खड़े हो गए; तो भी सिपाही उनसे लगभग सट जाएं और यह झगड़ने का वक्त नहीं, यह सोचकर वे किनारे के जंगल में एक तरफ खड़े हो गए।

एक सिपाही ने चिल्लाकर कहा, ''यह इधर एक डाकू भाग रहा है।'' महेंद्र के हाथ में बंदूक थी, इससे और भी शंका हुई। उसने लपककर महेंद्र का गला पकड़ लिया और 'साला चोर' कहकर उसे घूंसा मारकर बंदूक छीन ली। महेंद्र ने जवाब में सिपाही को एक घूंसा जमाया। कहना फिजूल है कि महेंद्र को गुस्सा ज्यादा आ गया। घूसे से सिपाहीराम तो रास्ते पर बेहोश गिर पड़े। तब तक तीन–चार सिपाहियों ने महेंद्र को पकड़ लिया और उन्हें सेनापति के पास ले गए। कहा, इस आदमी ने एक सिपाही का खून कर दिया है। साहब पाइप पी रहे थे। नशे में भी थे। कहा, साले को पकड़कर शादी करो। सिपाही समझ नहीं सके कि बंदूक वाले डकैत से शादी कैसे करें? लेकिन यह सोच कर कि नशा टूटते ही साहब की राय बदलेगी और शादी नहीं करनी पड़ेगी–उन्होंने महेंद्र के हाथ–पांव बांधकर बैलगाड़ी में डाल दिया। महेंद्र ने देखा, इतने लोगों से जोर–जबर्दस्ती करना बेकार है और जबर्दस्ती छूट कर भी

क्या होगा? स्त्री और बच्चों के शोक से वे कातर हो रहे थे। जीने की इच्छा न थी। सिपाहियों ने महेंद्र को गाड़ी के पहिए से कसकर बांधा और जैसे जा रहे थे, जाने लगे।

8

ब्रह्मचारी के आदेश से राम–राम करते हुए भवानंद उस चट्टी की ओर चल पड़े, जहां महेंद्र बैठे थे। सोचा; वहीं से उनका पता चलेगा। उन दिनों अंग्रेज के बनाए आधुनिक रास्ते नहीं थे। कलकत्ता आना हो तो मुसलमान बादशाहों के बनाए अनोखे दर्रों से आना पड़ता। महेंद्र अपने गांव से दक्खिन से उत्तर की तरफ जा रहे थे। इसीलिए रास्ते में सिपाहियों से भेंट हुई। भवानंद ताल पहाड़ से चट्टी की ओर चले—वह भी दक्खिन से उत्तर। लिहाज़ा उनकी भी रास्ते में उन सिपाहियों से भेट हो गई। महेंद्र की तरह वे भी बगल हो लिए। एक तो यों ही सिपाहियों को आशंका थी कि खजाना लूटने के लिए डाकू जरूर धावा करेंगे, फिर एक डकैत को गिरफ्तार कर चुके थे। सो रास्ते में भवानंद को बगल में होते देखकर उन्हें यह लगा कि यह भी डकैत ही है। इसलिए सिपाहियों ने उन्हें भी पकड़ लिया।

भवानंद ने धीमे से हंसते हुए कहा, "क्यों भैया?"

सिपाही बोला, "तुम साले डाकू हो।"

भवानंद बोले, "देख तो रहे हो कि मैं गेरुआ धारी ब्रह्मचारी हूं। डकैत कहीं ऐसा होता है?"

सिपाही ने कहा, ''बहुतेरे ब्रह्मचारी संन्यासी साले डकैती करते हैं।'' सिपाही गरदनिया देकर भवानंद को ले आया। भवानंद की आंखें अंधेरे में जल उठीं। मगर और कुछ न कहकर वे बड़ी विनम्रता से बोले, ''आज्ञा; कीजिए, क्या करना होगा?''

सिपाही भवानंद की नम्रता से संतुष्ट हुआ। बोला, ले बे, यह गठरी ढो। यह कहकर उनके माथे पर गठरी रख दी। एक दूसरे सिपाही ने कहा, ''अबे यह भाग जाएगा। उस साले को जहां बांधकर रखा है, इसे भी वहीं बांध रखो।'' भवानंद को कौतूहल हुआ कि देखें और किसे बांध कर रखा है। उन्होंने सिर पर गठरी लादने वाले सिपाही के एक चपत लगाई। सो सिपाही ने बांधकर उन्हें भी महेंद्र के पास डाल दिया। भवानंद ने पहचान लिया, महेंद्र सिंह हैं।

गाड़ी के साथ सिपाही लोग फिर अनमने–से बोलते–चालते चल पड़े। गाड़ी के चक्कों की चूं–चरमर होने लगी। भवानंद ने इस ढंग से कि सिर्फ महेंद्र ही सुन पाएं, कहा, ''महेंद्र सिंह, मैं तुम्हें पहचानता हूं। तुम्हारी मदद के लिए ही मैं यहां आया हूं। मैं कौन हूं, अभी यह जानने की जरूरत नहीं। जो कहता हूं, होशियारी से वही करो। अपने हाथ के बंधन को गाड़ी के पहिए पर रखो।''

महेंद्र अचरज में पड़े। लेकिन कुछ कहा नहीं। भवानंद ने जैसा कहा, वैसा ही किया। धीरे–धीरे पहिए की तरफ थोड़ा खिसक गए और बंधन की रस्सी को पहिए से लगाकर रखा। धीरे–धीरे रस्सी कट गई। पांव की रस्सी को भी इस तरह काटा। भवानंद ने भी अपना बंधन इसी तरह हटाया। दोनों चुप।

जंगल में जहां पर खड़े होकर ब्रह्मचारी ने चारों तरफ निहारा था, इनका रास्ता उसी ओर होकर था। सिपाही जब उस पहाड़ के पास पहुंचे, तो देखा, पहाड़ के नीचे टीले पर एक आदमी खड़ा है। चांदनी से चमकते नीले आकाश में उसका शरीर चित्रित हुआ

देखकर हवलदार ने कहा, वह देखो, और एक साला है। पकड़ लाओ। गठरी ढोएगा। एक सिपाही उन्हें पकड़ने के लिए गया। सिपाही पकड़ने आ रहा है, पर वह स्थिर—हिला डोला नहीं। सिपाही ने पकड़ा, वह कुछ बोला नहीं। पकड़कर हवलदार के पास ले गया, तो भी कुछ नहीं बोला। हवलदार ने कहा, उसके सिर पर गट्ठर रखो। सिपाही ने गट्ठर रखा। उसने गट्ठर रखवा लिया। हवलदार पीछे चला गया और गाड़ी के साथ चला। इतने में अचानक पिस्तौल की आवाज हुई। हवलदार के माथे पर गो़ली लगी। वह गिरा और मर गया।—इस साले ने हवलदार को मारा है। कहकर एक सिपाही ने उस मोटिए का गट्टा पकड़ा। मोटिए के हाथ में तब भी पिस्तौल थी। मोटिए ने सर के गट्ठर को फेंक दिया और पलटकर सिपाही के माथे पर निशाना लगाया। सिपाही की खोपड़ी चूर ही हो गई। इतने में दो सौ हथियारबंद आदमी हरि—हरि कहते हुए आ पहुंचे और सिपाहियों को घेर लिया। सिपाही अपने साहब के आने का इंतजार कर रहे थे। डाकू आ गए, यह देख साहब भी लपके और चतुष्कोण बनाने का हुक्म दिया। विपत्ति के समय अंग्रेजों को नशा नहीं रहता। सिपाही चतुष्कोण बनाकर खड़े हो गए। साहब के हुक्म से उन्होंने बंदूक सम्हाल ली। इसी बीच किसी ने साहब की कमर से तलवार खींच ली और उसी से उनकी गर्दन काट दी। साहब का मस्तकहीन शरीर घोड़े से लुढ़क गया, फायर का हुक्म नहीं दे सका। सब ने देखा, एक आदमी गाड़ी पर खड़ा हरि—हरि कहता हुआ 'सिपाही मार' का शोर मचा रहा है। वह थे भवानंद।

अपने सेनापति की गर्दन कटी लाश देख और रक्षा के लिए किसी का हुक्म न पाकर सिपाही डरे से, निश्चेष्ट हो रहे। इसी बीच लुटेरों ने सिपाहियों में से बहुतों का काम तमाम कर दिया और गाड़ी पर लदे खजाने के बक्स पर कब्जा कर लिया। हताश होकर, हार कर बाकी सिपाही भाग खड़े हुए।

इसके बाद वह आदमी, जो टीले पर खड़ा था और बाद में इस लड़ाई का जिसने नेतृत्व किया, वह भवानंद के पास आया। दोनों गले–गले मिले। भवानंद बोले, ''भाई जीवानंद, सार्थक व्रत लिया था।''

जीवानंद बोले, ''भवानंद, तुम्हारा नाम सार्थक हो।''

लूटे हुए धन को जगह पर पहुंचाने का भार जीवानंद पर पड़ा। अनुचरों के साथ वे चले गए। भवानंद अकेले पड़े रहे।

9

गाड़ी से कूदकर एक सिपाही का हथियार छीनकर महेंद्र ने लड़ाई में साथ देना चाहा था, लेकिन तुरंत उन्हें लगा कि ये सब लुटेरे हैं। धन लूटने के लिए ही इन्होंने सिपाहियों पर हमला किया है। सो वे अलग जा खड़े हुए। क्योंकि लुटेरों की मदद करने से उनके दुराचार का भागी होना पड़ेगा। हाथ की तलवार फेंक महेंद्र धीरे–धीरे वहां से जाने लगे कि भवानंद उनके पास आकर खड़े हुए। महेंद्र ने पूछा, ''आप कौन हैं?''

भवानंद ने कहा, ''यह जानने से तुम्हें क्या मतलब?''

महेंद्र, ''मतलब है।'' आज मैं आपसे बहुत उपकृत हुआ हूं।

भवानंद, ''लेकिन इसका तुम्हें बोध है, ऐसा तो नहीं लगा। हाथ में हथियार और अलग खड़े रहे—जमींदार का लड़का, दूध–घी का श्राद्ध करने में मजबूत और काम के वक्त फिस!''

भवानंद की बात समाप्त होते न होते महेंद्र ने घृणा के साथ कहा, ''यह तो बुरा काम है, डकैती है।''

भवानंद ने कहा, ''डकैती ही सही। हमने तुम्हारा कुछ उपकार किया है और कुछ और उपकार करने की इच्छा है।''

महेंद्र, ''आपने हमारा कुछ उपकार जरूर किया है, लेकिन अब क्या उपकार करेंगे? और फिर डकैत का उपकार लेने से न लेना ही अच्छा है।''

भवानंद, ''खैर, उपकार लेने न लेने की तुम्हारी इच्छा। चाहो तो मेरे साथ चलो। तुम्हें तुम्हारी स्त्री–बच्ची से मिला दूं।''

महेंद्र पलटकर खड़े हुए, ''सो क्या?''

भवानंद ने कोई जवाब नहीं दिया, आगे बढ़े। लाचार महेंद्र पीछे हो लिए। सोचने लगे, ये किस तरह के लुटेरे हैं!

10

चांदनी रात में दोनों चुपचाप प्रांतर पार करने लगे। महेंद्र चुप थे। शोक से कातर, कुछ गर्वित, कुछ कुतुहल भरे।

सहसा भवानंद ने दूसरा ही रूप धारण किया। वह स्थिरधीर संन्यासी न रहे, युद्धकुशल, सेनापति की गर्दन उतारने वाले वीर न रहे। अभी–अभी गर्व से महेंद्र को जो तिरस्कार कर रहे थे, सो न रहे। ज्योत्स्नामयी शांतिभरी धरती के वन–पर्वत–नद–नदोमयी शोभा देखकर उनके हृदय में मानो एक विशेष स्फूर्ति हुई–समुद्र मानो चांद के उगने से हंसा। संन्यासी हंसमुख और प्रियभाषी बन गए। बोलने के लिए बड़े उत्सुक। भवानंद ने बात करने की बहुतेरी कोशिश की, लेकिन महेंद्र न बोले। लाचार भवानंद ने गीत गाना शुरू कर दिया–

वंदे मातरम्

सुजलां सुफलां

मलयज शीतलां

शस्य श्यामलां

मातरम्।

गीत सुनकर महेंद्र को अचम्भा हुआ, कुछ समझ नहीं सके। सुजला, सुफला, मलयज शीतला शस्य श्यामला माता कौन? पूछा, माता कौन। और कोई उत्तर न देकर भवानंद गाने लगे–

शुभ्र–ज्योत्सना–पुलकित–यामिनीम्

फुल्लकुसुमित–द्रुमदल शोभिनीम्

सुहासिनीं सुमधुर भाषिणीम्

सुखदां वरदां मातरम्।

महेंद्र ने कहा, "यह छवि तो देश की है, यह मां कहां है?"

भवानंद ने कहा, "हम और मां को नहीं मानते–जननी जन्मभूमिश्च स्वर्गादपि गरीयसी। हम मानते हैं जन्मभूमि ही जननी है। हमें मां नहीं, बाप नहीं, भाई नहीं, बंधु नहीं, स्त्री–पुत्र नहीं, घर–द्वार नहीं, हमारे लिए बस वही सुजला, सुफला मलयजशीतला–शस्यश्यामला–

महेंद्र ने अब समझा और कहा, तो फिर गाइए। भवानंद फिर गाने लगे–

वंदे मातरम्

सुजलां सुफलां

मलयज शीतलां

शस्य श्यामलां

मातरम्।

शुभ्र ज्योत्स्ना पुलकित यामिनीम्

फुल्लकुसुमित द्रुमदल शोभिनीम्

सुहासिनीं सुमधुर भाषिणीम्

सुखदां वरदां मातरम्।

सप्तकोटि कंठ कलकल निनाद कराले,
द्वि सप्तकोटि भुजैर्धृतखर कर वाले
अबला केनो मां एतो बले।
बहुबलधारिणीं
नमामि तारिणीं
रिपुदलवारिणीं
मातरम्।
तुमि विद्या तुमि धर्म
तुमि हृदि तुमि मर्म
त्वंहि प्राणाः शरीरे।
वाहुते तुमि मा शक्ति
हृदये तुमि मा भक्ति
तो मारह प्रतिमा गड़ि
मंदिरे मंदिरे।
त्वंहि दुर्गा दशप्रहरणधारिणी
कमला कमल–दल विहारिणी
वाणी विद्यादायिनी
नमामि त्वां,
नमामि कमलाम्
अमलां अतुलाम्
सुजलां सुफलां
मातरम्।

वंदे मातरम्।

महेंद्र ने देखा, लुटेरा गाते–गाते रोने लगा। अचरज से पूछा, ''तुम लोग हो कौन?''

भवानंद बोले, ''हम संतान हैं।''

महेंद्र, ''संतान? किसकी संतान?''

भवा., ''मां की संतान।''

महेंद्र, माना, मगर संतान क्या चोरी, डकैती करके मां की पूजा करते हैं? यह कैसी मातृभक्ति है?

भवा., ''हम चोरी–डकैती नहीं करते।''

महेंद्र, ''अभी–अभी तो बैलगाड़ी लूटी।''

भवा., ''लूट? किसके रुपए लूटे?''

महेंद्र, ''क्यों, राजा के।''

भवा., ''राज के? इन रुपयों को लेने का उसका क्या अधिकार है?''

महेंद्र, ''राजा अंश।''

भवा., ''जो राज्य का पालन नहीं करता, वह राजा कैसा?''

महेंद्र, ''मैं देखता हूं, तुम सब जानें कब तोप दम करा दिए जाओगे सिपाहियों से।''

भवा., ''बहुत साले सिपाहियों को देखा है, आज भी देखा।''

महेंद्र, ''अभी ठीक से नहीं देखा है, कभी देखोगे।''

भवा., ''देखा ही सही, मरना तो एक से दो बार नहीं है।''

महेंद्र, ''मगर जानकर मरने से क्या लाभ?''

भवा., ''महेंद्र सिंह, मैं समझता था कि तुम आदमी हो, मगर अब जाना कि जो सब हैं, वही तुम भी हो। सिर्फ दूध–घी के दुश्मन।

देखो सांप कलेजे के बल माटी पर रेंगता है। उससे नीच जीव मेरी समझ में दूसरा नहीं। मगर उस पर भी पांव पड़ जाय तो वह फन उठाता है। तुम्हारा धीरज क्या किसी बात से नहीं टूटता? सोच देखो, जितने भी इलाके हैं, मगध, मिथिला, काशी, दिल्ली, कांची, कश्मीर—कहां की ऐसी दुर्गत है; कहां लोग भूख के मारे घास खाते हैं? कांटा चबाते हैं? दीमक की माटी खाते हैं? कहां लोग गीदड़, कुत्ता खाते हैं, लाश उठाकर खाते हैं? कौन—सा ऐसा देश है, जहां लोगों के संदूक में पैसा है, मगर चैन नहीं; सिंहासन पर शालिग्राम को बिठाकर चैन नहीं, घर में बहू—बेटी को रखकर चैन नहीं, बहू—बेटी के पेट में बच्चा रखकर चैन नहीं? पेट चीरकर बच्चे को निकालते हैं। कोई भी देश हो, राजा से उसकी रक्षा और हिफाजत का संबंध है—मगर हमारा मुसलमान राजा हमारी रक्षा कहां करता है? धर्म गया, जात गई, मान गया—अब तो जान जाने की नौबत। इन नशेबाजों को हटाए बिना हिंदुत्व की खैर नहीं।

महेंद्र,"मगर हटाओगे कैसे?"

भवा., "मारकर।"

महेंद्र, "अकेले भगा दोगे? एक थप्पड़ से।"

उत्तर में लुटेरे ने गाया—

सप्तकोटि कंठ कलकल निनाद कराले

द्विसप्तकोटि भुजैर्धृतखरकर वाले

अबला केनो मा एतो बले।

महेंद्र, "लेकिन देख रहा हूं तुम अकेले हो।"

भवा., "क्यों, अभी तो तुमने दो सौ हथियारबंदों को देखा।"

महेंद्र, "वे सबके सब संतान हैं।"

भवा., "हां।"

महेंद्र, ''और कितने हैं?''

भवा., ''हजारों। धीरे–धीरे और बढ़ेंगे।''

महेंद्र, ''माना, दस–बीस हजार। लेकिन उससे मुसलमानों को गद्दी से उतार सकोगे?''

भवा., ''प्लासी में अंग्रेजों की कितनी फौज थी?''

महेंद्र, ''कहां अंग्रेज और कहां बंगाली! बराबरी?''

भवा., ''क्यों नहीं। देह की कूबत से क्या होता है—बदन में ज्यादा ताकत होने से गोला क्या ज्यादा छूटता है?''

महेंद्र, ''फिर अंग्रेज और मुसलमान में इतना फर्क क्यों?''

भवा., ''यों समझो कि एक अंग्रेज जान जाने पर भी भाग नहीं सकता और मुसलमान को पसीना आया नहीं कि भागा—शरबत खोजता फिरेगा। फिर अंग्रेज धुन के पक्के होते हैं। जो ठानते हैं, करते हैं। रुपए के लिए जान गंवाना, वह भी सिपाहियों को तनखा नहीं मिलती और सबसे बड़ी बात है साहस। तोप का गोला एक ही जगह गिरता है, दस जगह नहीं, लिहाजा एक गोला देखकर दस के भागने की जरूरत नहीं। लेकिन एक गोला देखकर मुसलमानों की पूरी जमात भाग जाएगी, जबकि तोपों की भीड़ देखकर कोई एक अंग्रेज भी नहीं भागेगा।''

महेंद्र, ''तुम लोगों में यह कमाल है?''

भवा., ''नहीं। लेकिन कमाल कुछ पेड़ से तो टपकता नहीं। अभ्यास करना पड़ता है।''

महेंद्र, ''तुम लोग अभ्यास करते हो।''

भवा., ''बाना नहीं देख रहे हो! संन्यासी का यह बाना अभ्यास के लिए है। लक्ष्य की प्राप्ति हो जाएगी तो हम सब संसारी होंगे। हमारे भी आखिर बाल–बच्चे हैं।''

महेंद्र, ''तुम लोग उस माया को जीत सके हो?''

भवा., ''संतान को झूठ नहीं बोलना चाहिए। तुमसे झूठी बड़ाई नहीं करूंगा। माया को जीत कौन सकता है! जो कहता है कि मैंने माया छोड़ दी, या तो उसे माया कभी थी ही नहीं या फिर वह झूठी डींग हांकता है। हम असल में माया नहीं त्यागते, व्रत रखते हैं। तुम संतान बनोगे?''

महेंद्र ने कहा, ''अपनी स्त्री–बच्ची से मिले बिना मैं कुछ नहीं कह सकता।''

भवानंद ने कहा, ''तो चलो, उनसे मिल लो।''

दोनों आगे बढ़े। भवानंद 'वंदे मातरम्' गाने लगे। महेंद्र की आवाज अच्छी थी। संगीत से प्रेम भी था, थोड़ी–बहुत जानकारी भी थी। भवानंद के साथ–साथ गाया तो उनकी आंखों में पानी भर आया। बोले, ''अगर बीवी–बच्ची को छोड़ना न पड़े तो मुझे यह व्रत ग्रहण कराओ।''

भवानंद ने कहा, ''जो इस व्रत की दीक्षा लेता है, वह बाल–बच्चों का त्याग करता है। तुम अगर यह व्रत लोगे तो स्त्री–बच्चों से मुलाकात नहीं कर पाओगे। उनकी सुरक्षा की व्यवस्था की जाएगी, लेकिन जब तक व्रत की सफलता नहीं होगी, उनका मुंह भी नहीं देख पाओगे।''

महेंद्र ने कहा, ''फिर तो मैं यह व्रत नहीं लूंगा।''

11

सवेरा हुआ। जनहीन जंगल, जो अब तक अंधेरा और चुपचाप–सा था, चिड़ियों की चहक से आनंदमय हो उठा। उसी आनंदमय प्रातः में कूजनमुखरित कानन के आनंदमठ में सत्यानंद ब्रह्मचारी हरिन–चर्म के आसन पर बैठे आन्हिक कर रहे थे। पास में बैठे थे जीवानंद। ऐसे समय महेंद्र सिंह को साथ लेकर भवानंद वहां पहुंचे। ब्रह्मचारी चुपचाप आन्हिक करते रहे। किसी को कुछ कहने का साहस न हुआ। आन्हिक समाप्त होने पर जीवानंद और भवानंद ने उन्हें प्रणाम किया और उनके चरणों की धूल लेकर विनीत भाव से बैठ गए। ब्रह्मचारी सत्यानंद इशारे से भवानंद को बाहर ले गए। वहां दोनों में क्या बातें हुई, पता नहीं। दोनों लौटे। हंसते हुए ब्रह्मचारी ने महेंद्र से कहा, ''बेटे तुम्हारे दुःख से मैं बहुत दुखी हूं। कल रात मात्र भगवान् की कृपा से ही मैं तुम्हारी स्त्री–बच्ची को बचा सकने में समर्थ हुआ।'' इसके बाद उन्होंने घटना का वर्णन करके कहा, ''चलो, तुम्हें वहां ले चलूं, जहां वे लोग हैं।''

आगे–आगे ब्रह्मचारी और उनके पीछे–पीछे महेंद्र मंदिर के अंदर गए। महेंद्र ने देखा, बड़ा ही विशाल, बहुत ही ऊंचा प्रकोष्ठ।

नए सूरज से खिले प्रभात में, जबकि पास का जंगल किरणों की जोत से हीरा जड़ा–सा जगमगा रहा था, उस विशाल कमरे में अंधेरा था। कमरे के अंदर क्या है, जाते ही महेंद्र को नजर नहीं आया। देखते–देखते तब दिखाई पड़ा कि एक बहुत बड़ी चतुर्भुज मूर्ति है, शंख, चक्र, गदा, कौस्तुभशोभित हृदय, सामने सुदर्शनचक्र घूमता हुआ–सा। मधुकैटभ स्वरूप मस्तकहीन दो मूर्तियां लहू सनी–सी। बाएं खुले बालों, शतदल माल शोभित लक्ष्मी की मूर्ति बाएं। दाएं खड़ी सरस्वती–पुस्तक, वीणा, राग–रागिनियों से घिरी। विष्णु के अंक में एक मोहिनी मूर्ति–लक्ष्मी, सरस्वती से भी अधिक सुंदरी, लक्ष्मी–सरस्वती से भी अधिक ऐश्वर्यमयी। गंधर्व, किन्नर, देव, यक्ष, राक्षस उनकी पूजा कर रहे हैं। ब्रह्मचारी बड़े ही घोर और भीत स्वर में महेंद्र से बोले, "सब कुछ देख रहे हो?"

महेंद्र ने कहा, "जी।"

ब्रह्मचारी, "विष्णु की गोद में क्या है, देखा?"

महेंद्र, "देखा! कौन हैं वे?"

ब्रह्म., "मां।"

महेंद्र, "मां कौन?"

ब्रह्म., "हम जिनकी संतान हैं। समय पर पहचानोगे। बोलो, वंदे मातरम्। चलो और दिखाएं।"

ब्रह्मचारी महेंद्र को दूसरे कमरे में ले गए। वहां महेंद्र ने सर्वांगसंपन्ना, सब आभरणों से भूषित जगद्धात्री की एक अपूर्व मूर्ति देखी। पूछा, "ये कौन है।"

ब्रह्म., "ये हैं मां–जैसी थीं।"

महेंद्र, "मतलब?"

ब्रह्म, "इन्होंने कुंजर–केसरी आदि पशुओं को पैरों तले रौंदकर उनके आवासस्थल में अपना पद्मासन स्थापित किया था। सभी

आभूषणों से सजी हंसमुख सुंदरी थीं ये। ये हैं बालसूर्य की आभावली, सभी ऐश्वर्यों की स्वामिनी। इन्हें प्रणाम करो।''

जगद्धात्री स्वरूप मातृभूमि को महेंद्र ने प्रणाम किया। एक सुरंग दिखाकर ब्रह्मचारी ने कहा, ''इसमें होकर चलो।'' वे स्वयं आगे–आगे चले। महेंद्र डरते हुए पीछे हो लिए। जमीन के अंदर के एक कमरे में जाने कहां से हल्की–सी रोशनी आ रही थी। उस धीमे प्रकाश म काली की मूर्ति दिखाई पड़ी।

ब्रह्मचारी ने कहा, ''यह देखो, मां अब जो बनी है।''

महेंद्र ने डरकर पूछा, ''काली!''

ब्रह्म–''काली–अंधकार से भरी, कालिमामयी। सब खो चुकी है, इसलिए नंगी। आज देश में जहां देखो, मसान है। मां ने इसीलिए कंकाल की माला पहनी है। अपने ही शिव को पैरों से रौंद रही हैं–हाय मां!''

ब्रह्मचारी की आंखों से आंसू की धारा बहने लगी।

महेंद्र ने कहा, ''मां के हाथ में खेटक–खप्पर क्यों?''

ब्रह्मचारी ने कहा, ''हम संतान हैं। मां के हाथों अभी–अभी तो हथियार दिया है। बोलो, वंदेमातरम्।''

वंदेमातरम् कहकर महेंद्र ने काली को प्रणाम किया। ब्रह्मचारी ने कहा, ''इधर से आओ और वे दूसरी सुरंग से उतरने लगे। एकाएक उनकी आंखों में सुबह के सूरज की किरणें चमक उठीं। चारों ओर से चिड़िया मीठा–मीठा गा उठीं। देखा, संगमरमर के एक प्रशस्त कमरे में सोने की दशभुजा मूर्ति किरणों से दमकती हुई हंस रही है। ब्रह्मचारी ने प्रणाम करके कहा, यह मूर्ति देखों मां की, जोकि होंगी मां। दसा दिशाओं में फैली हुई दस भुजाएं–भुजाओं में भिन्न–भिन्न अस्त्ररूप में शोभित शक्तियां; पैरों तले वीर केसरी

शत्रुनिपात में लीन। दिग्भुजा—कहते—कहते ब्रह्मचारी सत्यानंद रोने लगे। दिग्भुजा—नाना अस्त्रधारिणी, शत्रुविमर्दिनी—सिंह की पीठ पर सवार, दाएं भाग्यरूपिणी लक्ष्मी, बाएं ज्ञान—विज्ञान देने वाली सरस्वती—साथ में शक्तिस्वरूप कार्तिकेय—कर्यसिद्धि रूप गणेश—आओ, हम मां को प्रणाम करें।''

दोनों हाथ जोड़कर एक साथ बोल उठे—

सर्वमंगल मांगल्ये शिवे सर्वार्थ—साधिके

शरण्येत्र्यंवके गौरी नारायणी नमोऽतुस्ते।

दोनों ने भक्तिपूर्वक प्रणाम किया। महेंद्र ने गद्गद् स्वर से पूछा, ''मां की इस मूर्ति के दर्शन कब होंगे?''

ब्रह्मचारी बोले, ''मां की सभी संतान जब उन्हें मां कहकर पुकारेंगी, मां उसी दिन प्रसन्न होंगी।''

सहसा महेंद्र पूछ बैठे, ''मेरी स्त्री—बच्ची कहाँ हैं?''

ब्रह्म., ''उनसे मिलाता हूं, चलो।''

महेंद्र, ''बस, एक बार उनसे मिलकर उन्हें विदा करूंगा।''

ब्रह्म., ''क्यों, विदा क्यों कर दोगे?''

महेंद्र, ''मैं इस महामंत्र की दीक्षा लूंगा।''

ब्रह्म., ''ठीक है। उन्हें भेजोगे कहां?''

महेंद्र ने जरा देर सोचकर कहा, ''मेरे घर पर कोई नहीं है और उसके सिवाय दूसरी कोई जगह भी नहीं। इस महामारी के समय और जगह भी कहां मिलेगी?''

ब्रह्म., ''तुम जिस राह होकर यहां आए, उसी राह से बाहर चले जाओ। तुम्हारी स्त्री और बच्ची मंदिर के द्वार पर मिल जाएंगी। वहीं पर खाने के समान भी हैं। कल्याणी ने कुछ खाया नहीं है। उसे

खिलाकर तुम्हारा जो जी चाहे करना। अभी अब हम लोगों में से किसी की भेंट न होगी। अगर तुम्हारी यही इच्छा रही तो मैं समय पर आ जाऊंगा।''

ब्रह्मचारी जाने किस राह से गायब हो गए। महेंद्र जिस राह से आए थे, उसी से निकले। जाकर देखा, बाहर नाटमंदिर में उनकी स्त्री और बच्ची बैठी हैं।

इधर एक दूसरी सुरंग के रास्ते सत्यानंद एक तहखाने में पहुंचे। वहां जीवानंद और भवानंद गिन–गिन कर रुपयों को करीने से रख रहे थे। उस कक्ष में सोना, चांदी, तांबा, हीरा, प्रवाल, मोती की ढेर लगी थी। ये लोग पिछली रात की लूट के रुपए सहेज रहे थे। वहां जाकर सत्यानंद बोले, ''जीवानंद! महेंद्र साथ देगा। उसके आने से संतानों को लाभ होगा। क्योंकि उसके पूर्वजों की संजोयी हुई दौलत माता की सेवा में लगेगी। लेकिन हां, जब तक वह तन–मन–वचन से माता का भक्त न बने, उसे स्वीकार मत करना। यहां का काम चुक जाए, तो महेंद्र का अनुसरण करना। मौका समझो तो उसे लेकर विष्णुमंदिर में जाना और समय हो चाहे असमय, उनका बचाव करना। दुष्टों का दमन जैसे संतान का धर्म है, वैसे ही शिष्टों का पालन भी।''

12

बड़े कष्टों के बाद कल्याणी और महेंद्र मिले। कल्याणी तो रोते–रोते टूट पड़ी। महेंद्र तो और रोए। रोने–धोने के बाद आंखें पोंछने की धूम। जितनी बार वे आंखे पोंछते, फिर–फिर आंसू भर आते। आंसू का आना बंद हो, इस नीयत से कल्याणी ने भोजन की बात छेड़ी। ब्रह्मचारी के अनुचर भोजन पहुंचा गए थे। कल्याणी ने महेंद्र से खाने का अनुरोध किया। ऐसे अकाल के दिनों व्यंजन की आशा भी नहीं की जा सकती; लेकिन देश में जो मिल सकता था, वह संतानों के लिए सुलभ था। यह जंगल साधारण लोगों के लिए दुर्गम है। जहां जो पेड़ है, जो फल मिलते हैं, भूखे लोग वही खाते हैं। इस जंगल के पेड़ों का फल लोगों को नसीब नहीं होता। यही कारण है कि ब्रह्मचारी का अनुचर बहुत सारा फल और थोड़ा–सा दूध दे जा सका था। संपत्ति कहने को संन्यासियों के पास कुछ गाएं थीं। कल्याणी के आग्रह से पहले महेंद्र ने कुछ खाया। उनसे जो बचा, अकेले में बैठकर कल्याणी ने कुछ खाया। दूध बच्ची को पिलाया। फिर पिलाने के लिए थोड़ा–सा बचाकर ही रखा। उसके बाद सोकर थकावट दूर की। जगे तो सोचने लगे, अब कहां जाया

जायं। कल्याणी ने कहा, ''आफत से बचने के लिए हम घर छोड़कर निकले थे। अब देखती हूं, बाहर घर से ज्यादा विपद है। चलो, फिर घर ही लौट चलें।'' महेंद्र भी यही चाह रहे थे। उनकी इच्छा थी, कल्याणी को किसी की देखरेख में घर छोड़कर स्वयं इस पवित्र मातृव्रत को लें। सो वे सहज ही इस पर राजी हो गए और बच्चों को लेकर अपने गांव की ओर चले।

लेकिन उस बीहड़ जंगल में ठीक ही नहीं कर पाए कि गांव को जाया किस तरफ से जाएगा। उनका ख्याल था कि जंगल से बाहर निकल गए कि राह मिल जाएगी। लेकिन जंगल से बाहर होने का ही रास्ता नहीं मिल रहा था। वे देर तक चक्कर काटते रहे। बार–बार फिर मठ में ही पहुंच जाने लगे, निकलना कठिन हो गया। सामने एक अनचीन्हे, ब्रह्मचारी खड़े हंस रहे थे। देखकर महेंद्र नाराज हुए। पूछा, ''गुसाईं जी, हंसते क्यों हो?''

गुसाईं बोले, ''आखिर तुम इस वन में आ कैसे निकले?''

महेंद्र, ''जैसे भी हो, आ गए।''

गुसाईं–''आ गए तो फिर निकल क्यों नहीं सकते हो?–इतना कहकर वे फिर हंसने लगे।''

रंज होकर महेंद्र ने कहा, ''तुम तो हंसते हो, निकल सकते हो बाहर?'' ब्रह्मचारी ने कहा, ''मेरे साथ आओ, मैं राह दिखा दूं। तुम लोग जरूर किसी संन्यासी के साथ यहां आए हो, नहीं तो यहां आने–जाने का रास्ता किसी को मालूम नहीं है।''

महेंद्र ने पूछा, ''आप संतान हैं?''

वह बोले, ''हां। मेरे साथ आओ। मैं तुम लोगों को रास्ता दिखाने के लिए ही यहां खड़ा हूं।''

महेंद्र, ''आपका नाम?''

वह बोले, ''मेरा नाम है धीरानंद गोस्वामी।''

धीरानंद आगे–आगे चले। पीछे–पीछे महेंद्र और कल्याणी। बड़े ही बीहड़ पंथ से होकर उन्हें बाहर पहुंचाकर धीरानंद फिर वन में प्रवेश कर गए।

आनंद अरण्य के बाहर कुछ दूर पर पेड़–पौधों वाला मैदान मिला। एक तरफ मैदान, दूसरी तरफ जंगल के किनारे–किनारे सड़क। यहां पर जंगल में एक छोटी–सी नदी कल–कल बह रही थी। बड़ा ही साफ पानी–घने मेघ जैसा काला। दोनों किनारे हरे–भरे पेड़ों ने नदी पर छांह कर रखी थी, पेडों पर भांति–भांति के पक्षी कलरव कर रहे थे। चिड़ियों की मीठी बोली नदी के मधुर कलरव से मिल रही थी। पेड़ों की छाया और पानी का रंग भी वैसा ही मिल रहा था। उस छाया से कल्याणी का मन भी शायद मिल गया। वह नदी किनारे एक पेड़ तले बैठ गई। पति को अपने पास बैठने के लिए कहा। महेंद्र बैठे। लड़की को कल्याणी ने पति की गोद से अपनी गोद में लिया। पति के हाथ को अपने हाथ में लेकर कुछ देर चुप बैठी रही। उसके बाद पूछा, ''आज तुम्हें बहुत उदास देख रही हूं। मुसीबत से तो छुटकारा मिल गया, फिर ऐसी उदासी क्यों?''

महेंद्र ने लंबा निःश्वास छोड़ा। कहा, ''अब मैं अपने आप का नहीं हूं, क्या करूं, कुछ समझ नहीं पा रहा हूं।''

कल्याणी ने कहा, ''क्यों?''

महेंद्र बोले, ''तुम्हें खो देने के बाद मुझ पर जो–जो गुजरा, सुनो।''

महेंद्र ने शुरू से अंत तक घटना बताई। कल्याणी बोली, ''मुझ पर से भी बड़े–बड़े कष्ट और विपद गुजरे। सुनकर क्या करोगे? उस गहरे विपद में मुझे कैसे नींद आई, नहीं जानती। लेकिन कल रात के शेष पहर मैं सोई थी। सोकर सपना देखा था। देखा, किस

पुण्य के बल पर पता नहीं, मैं एक अनोखे स्थान में पहुंची। वहां धरती न थी। सिर्फ जोत। मेघ छिटकी जोत जैसी बड़ी मीठी जोत। वहां कोई आदमी न था, थीं केवल प्रकाश की मूर्ति। कोई शब्द नहीं, बड़ी दूर पर ऐसी आवाज जैसे गाना–बजाना चल रहा हो। हर वक्त मानो अभी खिले हों, ऐसे लाखों लाख मल्लिका, मालती और गंधराज की सुगंध। ऐसा लग रहा था, मानो सबसे ऊपर सबसे दर्शनीय स्थान पर कोई बैठे हैं–मानो नील पर्वत लहक कर भीतर ही भीतर जल रहा हो। उनके माथे पर जलता हुआ विशाल मुकुट। उनके चार हाथ हों मानो। उनके दोनों ओर क्या था, मैं पहचान न सकी–शायद स्त्री–मूर्ति थी, मगर इतना सौंदर्य, इतनी दमक, इतनी खुशबू कि उस तरफ ताकते ही मैं विह्वल हो जाने लगी। नहीं देख सकी, नहीं ताक सकी कि कौन हैं? मानो उस चतुर्भुज मूर्ति के सामने एक नारी मूर्ति खड़ी हों। वह भी ज्योतिर्मयी, किंतु चारों तरफ मेघ, ठीक से आभा फूट नहीं पा रही है। धुँधला–सा इतना ही लगा कि दुबली–सी एक बड़ी ही रूपवती नारी–मूर्ति रो रही है। मंद सुगंधित पवन ने लहरा कर मुझे मानो उनके चरणों में पहुंचा दिया और तब मेघ–भूषित उस दुबली नारी ने मुझे दिखाते हुए उस चतुर्भुज से कहा–यही है, यही है वह, जिसके लिए महेंद्र मेरी गोदी में नहीं आता। इसके बाद बांसुरी जैसी मीठी ध्वनि हुई। तब उस चतुर्भुज ने मुझसे मानो कहा, तुम अपने पति को छोड़कर मेरे पास चली आओ। यही तुम लोगों की मां हैं।

तुम्हारे पति इनकी सेवा करेंगे। तुम पति के पास रहोगी, तो तन की सेवा नहीं हो सकेगी। तुम आ जाओ। मैंने जैसे रोकर कहा, पति को छोड़कर मैं कैसे आ सकती हूं, कहना था कि फिर बांसुरी की–सी आवाज हुई, पति मैं हूं, मैं ही माता–पिता, पुत्र, कन्या सब हूं। मेरे पास आओ। मैंने क्या कहा, याद नहीं। मेरी नींद टूट गई।" इतना कह कर वह चुप हो गई।

महेंद्र चकित–भीत होकर चुप रहे। पपीहे की बोली से आसमान गूंज उठा। कोयल दिशाओं में गुंजाने लगी। भृंगराज कानन को कंपाने लगा। पैरों तले नदी कल्लोल कर रही थी। हवा वन–फूलों की खुशबू ला रही थी। नदी–जल में कहीं–कहीं धूप झकमका रही थी। दूर पर पहाड़ियों की नीली पांत। दोनों जने देर तक मुग्ध से चुप रहे। फिर कल्याणी ने पूछा, ''क्या सोच रहे थे?''

महेंद्र, ''क्या करूं, यही सोचता हूं। स्वप्न विभीषिका है, मन में पैदा होता है और खो जाता है–पानी पर की परछाईं। चलो, घर चलें।''

कल्याणी ने कहा, ''तुम वहीं जाओ, जहां देवता तुमको जाने को कहते हैं।'' कल्याणी ने बच्ची को पति की गोद में दिया।

महेंद्र ने पूछा, ''और तुम कहां जाओगी?''

कल्याणी ने दोनों हाथों आंखें छिपा कर कहा, ''मैं भी वहीं जाऊंगी, देवता मुझे जहां जाने को कहते हैं।''

महेंद्र चौंके, ''वह वहां? कैसे जाओगी?''

कल्याणी ने जहर की डिबिया दिखाई।

महेंद्र भौंचक से बोले, ''तुम जहर खाओगी?''

वह बोली, ''खाने की सोची थी, लेकिन–।'' वह चुप हो गईं। महेंद्र उनकी ओर देखते रहे। एक–एक पल बरस–सा लगने लगा। जब वह आगे न बोली, तो महेंद्र ने पूछा, ''क्या कहते–कहते रुक गईं।''

कल्याणी बोलीं, ''जहर खाने की सोची थी। लेकिन तुम्हें और सुकुमारी को छोड़कर बैकुंठ जाने की भी इच्छा नहीं होती। मैं नहीं मरूंगी।''

कल्याणी ने डिबिया जगीन पर रख दी। दोनों भूत–भविष्य की बातों में मशगूल हो गए। ध्यान न रहा। ऐसे में नन्ही बच्ची ने जहर की डिबिया उठा ली। किसी ने देखा नहीं।

बच्ची को अच्छा खिलौना मिल गया। डिबिया को एक बार बाएं हाथ से पकड़कर दाएं से और एक बार दाएं से पकड़कर बाएं हाथ से खूब पीटा। उसके बाद दोनों हाथों से खींचा–तानी की। डिबिया खुल गई। गोली गिर पड़ी।

गोली महेंद्र के कपड़े पर गिरी। सुकुमारी ने उसे भी खेलने की चीज समझा। डिबिया को फेंक कर झपट्टे से गोली उठा ली।

कह नहीं सकता, सुकुमारी ने डिबिया को मुंह में क्यों नहीं डाला लेकिन गोली के लिए उसने जरा भी देर न की। प्राप्ति मात्रेन भोक्तव्य। गोली उसने मुंह में रख ली। ठीक ऐसे वक्त उस पर मां की नजर पड़ी।

'गजब हो गया!' यह कहकर कल्याणी ने उसके मुंह में उंगुली डाली। तब दोनों की नजर डिबिया पर पड़ी कि वह खाली पड़ी है। नन्ही बच्ची को यह भी एक खेल ही–सा लगा। दो ही चार तो दांत आए थे कभी–दबाकर मां की तरफ ताकती हुई हंसने लगी। इतनी देर में जहर का स्वाद शायद बुरा लगा। बच्ची ने दांत खोल दिया। कल्याणी ने गोली को उसके मुंह में से निकाल लिया। बच्ची रोने लगी।

कल्याणी दौड़कर नदी से आंचल भिगो लाई। बच्ची के मुंह में पानी दिया। महेंद्र ने पूछा, "पेट में कुछ चला गया होगा?"

बाप–मां के मन में पहले बुरा ही आता है। जहां ज्यादा प्रेम होता है, वहां भय भी ज्यादा होता है। महेंद्र ने पहले देखा नहीं था कि गोली कितनी बड़ी थी। अब उन्होंने उसे हाथ में लेकर अंदाजा और कहा, "लगता है, बहुत–सा खा गई है।"

कल्याणी को भी ऐसा ही लगा। देर तक गोली को हाथ में लेकर निरखा–परखा। इधर बच्ची ने कुछ ही रस उसका घोंट लिया था, उसी से दशा कुछ बिगड़ी। छटपटाई, रोई और बाद में

निश्चेष्ट–सी हो गई। कल्याणी ने कहा, ''अब क्या देख रहे हो? देवता ने जिधर बुलाया है, सुकुमारी उधर ही चली। मुझे भी जाना होगा''—कहकर कल्याणी ने जहर की गोली मुंह में डाली और निगल गई।

महेंद्र रो पड़े, ''कल्याणी, तुमने यह क्या किया?''

कल्याणी ने कोई जवाब नहीं दिया। पति के चरणों की धूल माथे से लगाई। बोली, ''नाथ, बात कहने से बात बढ़ेगी। मैं चली।''

महेंद्र चीख कर रोने लगे। कल्याणी ने बहुत धीमे–धीमे कहा, ''मैंने अच्छा ही किया है। तुच्छ नारी के लिए कहीं तुम देवता के काम में लापरवाही करो। मैं देवता के वाक्य का उल्लंघन कर रही थी। नतीजा हुआ कि मुझे बच्ची से हाथ धोना पड़ा और उपेक्षा करूं तो कही तुम्हें भी खो दूं!''

महेंद्र रोकर बोले, ''मैं तुम्हें कहीं रख आता। जब कर्त्तव्य पूरा हो जाता तो तुम्हारे साथ सुखी होता। कल्याणी! मेरी सर्वस्व तुमने ऐसा क्यों किया? मैं जिस हाथ के जोर से तलवार पकड़ता था, उसी को काट दिया! तुम्हारे सिवाय मैं क्या हूं!''

कल्याणी बोली, ''कहां ले जाते मुझे? स्थान कहां है? मां, बाप, भाई–बंधु, सभी तो दुःखमय में चल बसे। किसके घर में जगह है, कहां जाने की राह है कि ले जाओगे? मैं तुम्हारे लिए बोझ हूं। अच्छा ही हुआ कि मैं मर रही हूं। मुझे आशीर्वाद दो कि मैं उस आलोकमय लोक में जाकर फिर से तुम्हें देख पाऊं!'' कल्याणी ने फिर स्वामी की पद–धूलि माथे से लगाई। महेंद्र से कुछ कहते न बना। रोने लगे। कल्याणी ने फिर बड़े ही मृदु, मधुर और स्नहे–भरे स्वर में कहा, ''किसकी मजाल है कि देवता की इच्छा को टाल सके। देवता ने मुझे जाने की आज्ञा दी हैं, सो चाहते हुए भी क्या मैं रह सकती हूं। खुद नहीं मरती तो कोई मार देता। मैंने अच्छा ही किया है।

तुमने व्रत लिया है, मन वचन से उसका पालन करो। पुण्य होगा। उससे मुझे स्वर्ग मिलेगा। दोनों मिलकर बनते स्वर्ग का भोग करेंगे।''

बच्ची ने एक बार कै की और कुछ सम्हली। पेट में जहर जितना गया, वह जानलेवा न था। मगर उस समय महेंद्र का ध्यान उधर नहीं था। कल्याणी की गोद में बच्ची को लेकर दोनों को बाहुओं में कसकर बस रोने लगे। ऐसे समय जंगल से धीमा लेकिन मेघ गंभीर स्वर में सुनाई पड़ा—

हरे मुरारे मधुकैटभारे

गोपाल गोविंद मुकुँद शौरे।

कल्याणी पर जहर का असर आने लगा था। उसकी चेतना धीरे—धीरे गायब हो रही थी। मोह के आवेश में उन्होंने सुना, मानो बैकुंठ में सुनी वही ध्वनि बांसुरी में बज रही है—

हरे मुरारे मधुकैटभारे

गोपाल गोविंद मुकुँद शौरे ।

कल्याणी महेंद्र से बोली, ''आओ हम भी पुकारे।''

महेंद्र ने भी कल्याणी का साथ दिया,

हरे मुरारे मधुकैट भारे।

चारों ओर मानो वही शब्द ध्वनित होने लगे। चिड़ियां भी जैसे वही गाने लगीं, नदी के कल—कल में भी वही ध्वनि होने लगी और जंगल में उसकी प्रति ध्वनि गूंजने लगी।

क्षीण होते—होते कल्याणी का कंठ निस्तब्ध हो गया। आंखें पत्थरा गई, बदन ठंड़ा हो गया। महेंद्र ने समझा 'हरे मुरारे' कहती हुई कल्याणी बैकुंठ चली गई। सो वे पागल की नाई जंगल को कंपाते हुए जोर—जोर से पुकारने लगे,

हरे मुरारे मधुकैटभारे।

ठीक इसी समय किसी ने आकर जोर से उन्हें आलिंगन से जकड़ लिया और उनके साथ ही पुकारने लगा,

हरे मुरारे मधुकैटभारे।

और उस आर–पार हीन जंगल में अनंत पथगामिनी कल्याणी के सामने दोनों अनंत का गीत गाने लगे। पशु–पक्षी मौन–पृथ्वी अनूठी शोभाओं से भरी–उस गीत का उपयुक्त मंदिर। सत्यानंद महेंद्र को गोद में लेकर बैठ गए।

13

इधर राजधानी में तहलका–सा मच गया। खबर फैली कि राज सरकार का जो खजाना कलकत्ते आ रहा था, संन्यासियों ने उसे लूट लिया। संन्यासियों को पकड़ने के लिए सरकारी सिपाहियों की दौड़–धूप शुरू हो गई। अकाल के मारे देश में उस समय वास्तविक संन्यासी नहीं–से ही थे। क्योंकि वे ठहरे मांगकर खानें वाले। लोगों को खुद ही दाना नसीब नहीं तो संन्यासी को भीख कौन दे? सो जो सचमुच संन्यासी थे, वे तो पेट के लिए काशी, प्रयाग आदि की ओर चले गए थे, केवल संतानगण ही इच्छा से संन्यासी का बाना धारण करते थे, जरूरत होती तो छोड़ भी देते थे। आज चूंकि हलचल थी, इसलिए बहुतों ने वह बाना बदल दिया था। सरकारी सिपाहियों को संन्यासी नहीं मिले तो उन्होंने गृहस्थों के बर्तन–भांडे फोड़े और अधपेटा खाकर निश्‍चित हो गए। केवल सत्यानंद ही थे, जो कभी गेरुआ नहीं उतारते थे।

कल्याणी उस नदी के किनारे ही पेड़ के नीचे पड़ी थीं। महेंद्र और सत्यानंद एक–दूसरे को जकड़े आंसू भरे आंखों ईश्वर को पुकार रहे थे कि सिपाहियों के साथ नजरद्दी जमादार वहां आ

पहुंचा। एक बारगी सत्यानंद की गर्दन पर हाथ रखकर बोल उठा, यह साला संन्यासी है। एक ने महेंद्र को पकड़ा क्योंकि जो संन्यासी का साथी है, वह जरूर संन्यासी होगा। एक आदमी ने घास पर पड़ी कल्याणी को पकड़ना चाहा। लेकिन देखा कि वह एक औरत की लाश है। वह संन्यासी नहीं भी हो सकती है। उसे नहीं पकड़ा। बच्ची को भी यही सोचकर छोड़ दिया। उन दोनों को पकड़कर ले चले। कल्याणी का प्राणहीन शरीर और उसकी बच्ची बिना रक्षक के ही पेड़ के नीचे पड़ी रही।

शोक से अनिभूत और ईश्वर–प्रेम में उन्मत्त महेंद्र पहले तो अचेतन से थे। क्या हो रहा था, क्या हुआ था, समझ नहीं सके—बंधन के लिए उन्होंने एतराज नहीं किया। लेकिन दो–चार डग आगे बढ़ने पर उन्होंने समझा कि हम लोगों को बांधकर ले जाया जा रहा है। कल्याणी का शव पड़ा रहा, दाह संस्कार न हुआ, बच्ची अकेली रही—दोनों को जानवर खा सकते हैं—मन में इस बात के आते ही महेंद्र ने कलाइयों को जोर से ताना। एक ही झटके में बंधन टूट गया। जोरों से एक लात लगाकर जमादार को गिरा दिया और एक सिपाही पर टूटे। इतने में दूसरे तीन सिपाहियों ने उन्हें पकड़ लिया। दुःख से महेंद्र ने सत्यानंद ब्रह्मचारी को कहा, "आप थोड़ी–सी मदद कर देते तो मैं इन पांचों का खातमा कर देता।" सत्यानंद बोले, "मेरे इस बूढ़े शरीर में बल ही कितना है! मैं जिन्हें पुकार रहा था, उनके सिवाय मुझ में कोई शक्ति नहीं। तुम उसके खिलाफ कुछ मत करो, जो होने वाला है। हम दोनों मिलकर इन पांच आदमियों को नहीं हरा सकते। देखो तो सही, ये ले कहां जाते हैं। जगदीश्वर सब ओर से रक्षा करेंगे।" सो बचने की कोई कोशिश न करके दोनों सिपाहियों के पीछे–पीछे चलने लगे। कुछ आगे चलकर सत्यानंद ने सिपाहियों से पूछा, "भई मैं हरिनाम किया करता हूं। उसकी कोई मनाही है क्या?" जमादार को ऐसी धारण हुई थी कि सत्यानंद

आदमी भला है। बोला, ''नहीं, हरिनाम तुम करो। तुम बूढ़ें ब्रह्मचारी हो, शायद तुम्हें छोड़ ही देने का हुक्म होगा। इस बदमाश को फांसी होगी।'' ब्रह्मचारी धीरे से गाने लगे—

धीर समीरे तटिनी तीरे

बसति वने वरनारी।

मा कुरु धनुर्धर गमन विलंबन

अति विधुरा सुकुमारी। आदि

शहर पहुंचने पर वे कोतवाल के सामने पेश किए गए। कोतवाल ने सरकार में इत्तला भेजी और इन दोनों को कैद में रखा। वह कैदखाना बड़ा ही भयंकर था। जो उसमें जाता, प्रायः वहां से बाहर नहीं आता। क्योंकि विचार करने वाला आदमी न था। आज दिन है नियम का, तब दिन था अनियम का। नियम और अनियम के दिन की तुलना कर देखिए।

14

रात हो गई। सत्यानंद बोले, ''महेंद्र, आज बड़े ही आनंद का दिन है। इसलिए कि हम कैदखाने में पड़े हैं। कहो, हरे मुरारे।'' महेन्द्र ने मायूस होकर कहा, ''हरे मुरारे।''

सत्यानंद—''ऐसे मायूस क्यों हो? अगर तुमने यह महाव्रत लिया होता, तो स्त्री—बच्ची को तो छोड़ना ही पड़ता। उनसे तो कोई नाता नहीं रहता।''

महेंद्र, ''त्याग और बात है, यम—यातना और। जिस शक्ति से मैं यह व्रत लेता, वह मेरी वह शक्ति स्त्री—बच्ची के साथ चली गई।''

सत्यानंद, ''शक्ति होगी। शक्ति मैं दूंगा। तुम महामंत्र की दीक्षा लो, महाव्रत ग्रहण करो।''

महेंद्र ने चीखकर कहा, ''बच्ची को स्यार नोच रहे हैं, आप मुझे किसी व्रत की बात न कहें।''

सत्यानंद, ''उसके लिए तुम खातिर जमा रखो। संतानों ने तुम्हारी स्त्री का दाह—संस्कार कर दिया है, तुम्हारी बच्ची को सुरक्षित स्थान में रखा है।''

महेंद्र अचंभे में आए। विश्वास नहीं जम सका। बोले, ''आप कैसे जानते हैं। आप तो बराबर मेरे साथ हैं?''

सत्यानंद बोले, ''हमने महाव्रत की दीक्षा ली है। देवता हम पर कृपा रखते हैं। आज ही रात को तुम्हें पता चल जाएगा। आज ही रात तुम इस कैदखाने से छुटकारा पाओगे।''

महेंद्र कुछ बोले नहीं। सत्यानंद समझ गए कि महेंद्र को विश्वास नहीं हो रहा है। बोले, ''विश्वास नहीं आता, परीक्षा करके देखो।'' यह कहकर सत्यानंद कैदखाने के दरवाजे तक आए। क्या किया, अंधेरे में महेंद्र कुछ देख नहीं सके। हां, इतना समझा कि उन्होंने किसी से बात की। लौटे तो महेंद्र ने पूछा, ''किस बात की परीक्षा?''

सत्यानंद ने कहा, ''यही कि तुम अभी यहां से छूटोगे।''

बातें हो ही रही थीं कि कैदखाने का दरवाजा खुला। एक आदमी ने अंदर आकर कहा, ''महेंद्र सिंह किसका नाम है?''

महेंद्र बोले, ''मेरा।''

आगंतुक ने कहा, ''तुम्हें छोड़ देने का हुक्म हुआ है। तुम जा सकते हो।''

महेंद्र पहले तो ताज्जुब में पड़े फिर सोचा, झूठ है। आजमाने के लिए बाहर निकले। किसी ने उनकी राह नहीं रोकी। वे सड़क तक चले गए।

इस मौके से आगंतुक ने सत्यानंद से कहा, ''महाराज! आप भी क्यों नहीं चले जाते। मैं आप ही के लिए आया हूं।''

सत्यानंद, ''कौन? धीरानंद गुसाई।''

धीरा, ''जी।''

सत्यानंद, ''पहरेदार कैसे बन गए?''

धीरा, ''मुझे भवानंद जी ने भेजा। मैंने आकर पता किया कि आप लोग इस कैदखाने में हैं। सो साथ में धतूरे की भांग ले आया था। जो खां साहब पहरे पर थे, वह उसे चढ़ाकर बदहोश पड़े हैं। यह पोशाक, पगड़ी, भाला जो मेरे पास है, उन्हीं का है।''

सत्यानंद ने कहा, ''तुम इस पोशाक में नगर से बाहर हो जाओ। मैं ऐसे नहीं जाऊंगा।''

धीरा, ''सो क्यों?''

सत्यानंद, ''आज संतान की परीक्षा है।''

महेंद्र लौट आए। सत्यानंद ने पूछा, ''लौट आए?''

महेंद्र ने कहा, ''आप बेशक सिद्धपुरुष हैं। लेकिन मैं आपको छोड़कर नहीं जाऊंगा।''

सत्यानंद बोले, ''ठीक है। हम दोनों आज रात दूसरे ढंग से निकलेंगे।'' धीरानंद चले गए। वे दोनों वहीं रह गए।

15

ब्रह्मचारी का गीत बहुतों ने सुना। औरों के साथ वह गीत जीवानंद के कानों गया। पाठकों को याद होगा, उन्हें महेंद्र का अनुसरण करने का आदेश था। रास्ते में एक स्त्री से भेंट हुई थी। सात दिन से खाया नहीं, सड़क पर पड़ी थी। उसे बचाने के लिए थोड़ी देर की। उसे स्वस्थ करके गाली–गलौज करते हुए (इस विलंब का दोष उसका था) अब आ रहे थे। नजर पड़ी कि सत्यानंद महाराज को मुसलमान पकड़कर ले जा रहे हैं। वे गीत गाते जा रहे हैं–

धीर समीरे तटिनी तीरे वसति वने वरनारी।

जीवानंद ने सत्यानंद के संकेत को समझा। उनके संकेत को वे समझते थे। नदी–किनारे और कोई हतभागन तो भूखी प्यासी नहीं पड़ी है। सोच–विचार कर वे नदी के किनारे–किनारे चले। उन्होंने यह तो देख ही लिया था कि स्वामी जी मुसलमानों के चंगुल में हैं। ऐसे में उन्हीं को बचाना पहला कर्त्तव्य था। लेकिन समझा कि इस इशारे का वह मतलब नहीं। उन्हें बचाने की अपेक्षा उनके आदेश का पालन ज्यादा जरूरी है। यही उनके पास सबसे पहले सीखा

है। लिहाजा उनकी आज्ञा का पालन ही करना है। जीवानंद नदी के किनारे–किनारे चले। जाते–जाते नजर आया, पेड़ के नीचे एक स्त्री का शव पड़ा है और पास में उसकी जीवित बच्ची बैठी है।

पाठकों को शायद याद हो, महेंद्र की स्त्री और बच्ची को जीवानंद ने एक बार भी नहीं देखा था। सोचा, हो सकता है यह महेंद्र की स्त्री–बच्ची हो। क्योंकि स्वामीजी के साथ महेंद्र को उन्होंने देखा। खैर, मां मरी हुई थी, बच्ची जिंदा। भवानंद इसी आस–पास कहीं हैं। वे शव का दाह–संस्कार करेंगे। यह सोचकर जीवानंद बच्ची को उठाकर चल दिए।

वे घोर जंगल में घुसे। जंगल को पार करके एक छोटी–सी बस्ती में गए। बस्ती का नाम था भैरवी पुर। लोग भैरुईपुर कहते थे। कुछ साधारण लोगों का वास। आस–पास दूसरा कोई बड़ा गांव नहीं। बस्ती के उस पार फिर जंगल, चारों तरफ जंगल के बीच में छोटी–सी बस्ती, लेकिन बहुत सुंदर। कोमल घास से भरा चरागाह, हरे–भरे पत्तों वाले आम, कटहल, जामुन, ताड़ के पेड़। बीच में साफ पानी का पोखरा। पोखरे में बगुले, बतख किनारे कोयल, चक्रवाक और कुछ दूर पर मोर की ध्वनि। घर–घर गौएं, धान की बोरियां। परंतु अभी अकाल के कारण अन्न नहीं था। किसी के छपार में झूलता हुआ मैना का पिंजरा, किसी की दीवार पर आलपना, किसी के आंगन में साग की क्यारी। सभी अकाल के मारे दुबले, दुखी। फिर भी इस बस्ती के लोगों में आदमी की सूरत–शक्ल साबुत थी। इसलिए कि जंगल में खाने योग्य बहुत–सी चीजें मिलती हैं। उन्हीं के सहारे वे लोग अपनी जान और सेहत बचा सके थे।

आम के एक बड़े से बगीचे में एक छोटा–सा घर। चारों ओर माटी की दीवारें, चार तरफ चार कमरे। गृहस्थ का घर, गाय थी, बकरी थी, मोर, मैना और तोता था। एक बंदर भी था, पर आजकल

उसे खाना देना मुहाल था, इसलिए छोड़ दिया था। घर में टैंकी, बाहर खलियान, आंगन में नींबू का पेड़, जूही–मल्लिका भी थी, इस बार लेकिन फूल नहीं आए। सभी कमरे के बरामदे में एक–एक चरखा था, पर घर में आदमी खास कोई न था। बच्ची को लिए जीवानंद उसी घर में दाखिल हुए।

बरामदे पर जाकर उन्होंने चरखा चलाना आरंभ कर दिया। उस नन्ही बच्ची ने कभी चरखे की आवाज नहीं सुनी थी। खासकर जब से मां से बिछुड़ी रो ही रही थी, चरखे की आवाज से डरकर और भी रोने लगी। रोना सुनकर अंदर से सत्रह–अठारह साल की एक लड़की बाहर निकली। निकलते ही वह दाएं गाल पर दाएं हाथ की अंगुली रखकर गर्दन टेढ़ी करके खड़ी हो गई। ''अरे! भैया चरखा क्यों कात रहे हो? यह लड़की? तुम्हारी है क्या? फिर से शादी की है?''

बच्ची को उसकी गोद में देकर जीवानंद ने मुक्का ताना—''बंदरिया मेरी लड़की! ऐसा हूं मैं? घर में दूध है?''

युवती ने कहा, ''है। पियोगे?''

जीवानंद बोले, ''हां।''

जल्दी–जल्दी वह दूधवाले चूल्हे में आंच उकसाने गई। जीवानंद चरखा ओटने लगे। उसकी गोद में जाकर बच्ची ने रोना बंद कर दिया। क्या सोचा उसने, सो नहीं मालूम। हो सकता है खिले फूल–सी उस सुंदरी को उसने मां समझा हो। एक बार जरा रोयी, शायद चूल्हे का ताप उसे लगा। उसका रोना सुनकर जीवानंद बोल उठे, ''अरी ओ निम्मी, मुंहजली, बंदरिया! अभी तक तेरा दूध नहीं उबला।'' अंदर से 'हो गया' कहती हुई वह एक कटोरे में दूध ले आई। जीवानंद ने बनावटी गुस्से से कहा, ''जी में आता है, कटोरे का गरम दूध तुम पर उड़ेल दूं। तूने क्या समझा, मैं पियूंगा?''

निम्मी ने पूछा, ''फिर कौन पियेगा?''

जीवानंद ने कहा, ''यह बच्ची पिएगी। ले, पिला इसे।''

निम्मी पीढ़े पर बैठी! बच्ची को गोद में लेकर सितुहे से दूध पिलाने लगी। अचानक उसकी आंखों से आंसू की कुछ बूंदें टपकीं। उसके एक बच्चा होकर मर गया था। दूध पिलाने वाला सितुहा उसी का था। आंसू पोंछकर हंसते–हंसते उसने पूछा, ''भैया, यह बच्ची किसकी है?''

जीवानंद बोले, ''किसी की हो री जलमुंही, तुझे क्या?''

निम्मी ने कहा, ''यह बच्ची मुझे दोगे?''

जीवा., ''तू क्या करेगी लेकर?''

निम्मी, ''मैं इसे दूध पिलाऊंगी, गोद खेलाऊंगी, पालूंगी।''— कहते–कहते उन जली आंखों से फिर आंसू बहने लगे, फिर पोंछा और हंसने लगी।

जीवानंद ने कहा, ''तू क्या करेगी, तुझे तो आप ही कितनी बच्चे–बच्चियां होंगी।''

निम्मी, ''होंगी तो होंगी। अभी इसे दो। चाहो, तो आगे ले जाना।''

जीवा., ''तो फिर ले, भुगत। मैं कभी–कभी आकर देख जाया करूंगा, कायस्थ की लड़की है। अच्छा मैं चला।''

निम्मी, ''चलो! खाओगे नहीं, काफी वक्त हो गया, मेरे सर की कसम, भोजन करके जाओ।''

जीवा., ''तेरा सर और भोजन, दोनों लाई? दोनों तो न खा सकूंगा बहना। अपना सर रखो, दो मुट्ठी चावल दो।''

निम्मी बच्ची को गोदी में लेकर ही खाना परोसने लगी। जगह साफ की। पीढ़ा लगाया और खिले फूल–से चावल, उड़द की दाल,

जंगली गूलर की सब्जी, मछली, दूध....खाने को दिया। पत्तल पर बैठकर जीवानंद बोले, ''निम्मी कौन कहता है कि अकाल पड़ा है? तुम्हारी बस्ती में अकाल नहीं पड़ा?''

निम्मी बोली, ''पड़ा क्यों नहीं, खूब पड़ा है। मगर हम तो महज दो प्राणी हैं। जो है, खुद खाते हैं, औरों को देते हैं। याद नहीं है हमारे यहां पानी पड़ा था? तुमने कहा था कि जंगल में वर्षा होती है। हमारे यहां थोड़ा–बहुत धान हुआ था। लोगों ने तो जाकर शहर बेचा, हमने बेचा नहीं।''

जीवानंद ने पूछा, ''जीजा जी कहां है?''

निम्मी ने गर्दन झुकाकर कहा, ''दो–तीन सेर चावल लेकर कहीं गए हैं। किसी ने मांगा है शायद।''

जीवानंद को बहुत दिनों से ऐसा भोजन नसीब नहीं हुआ। उन्होंने और समय नष्ट न करके गपशप करके सब चटकर लिया। निम्मी ने अपने और अपने पति के लिए ही रसोई की थी। अपना हिस्सा भैया को दिया था। थाली खाली देखकर पति का हिस्सा भी भैया को लाकर दे दिया। जीवानंद ने हां–ना नहीं किया और सब कुछ को पेट के हवाले किया।

निम्मी ने पूछा, ''और कुछ?''

जीवानंद बोले, ''और क्या है?''

निम्मी बोली, ''एक पका कटहल है।''

वह कटहल ले आई। जीवानंद उसे भी खा गए। इस पर निम्मी ने हंसकर कहा, ''भैया, अब तो कुछ नहीं है।''

भैया ने कहा, ''तो रहने दे। फिर कभी आकर खा लूंगा।''

लाचार निम्मी ने हाथ धोने को पानी दिया और बोली, ''मेरी एक बात मानोगे भैया?''

जीवा., "कौन–सी बात?"

निम्मी, "मेरे सर की कसम।"

जीवा., "अरी जलमुंही, बता भी।"

निम्मी, "मानोगे।"

जीवा., "पहले बता।"

निम्मी, "मेरे सर की कसम—पैरों पड़ती हूं तुम्हारे।"

जीवा., "मैं तेरा सर भी खाऊं, तू पैरों भी पड़, लेकिन बता तो।"

निम्मी ने एक से दूसरे हाथ की अंगुलियां दबायीं, गर्दन झुकाई और एक बार जीवानंद की ओर, एक बार धरती की तरफ ताक कर अंत में कहा, "भाभी को बुलाऊं?"

जीवानंद लोटे से निम्मी को मारने के लिए तैयार! बोले, "दे, वह लड़की मुझे लौटा दे। तेरा दाल–चावल कभी मैं लौटा जाऊंगा। तू बंदरिया है, मुंहजली है, जो जबान पर आता है, वही कहती है।"

निम्मी बोली, "हां, मैं बंदरिया हूं, मुंहजली हूं। लेकिन भाभी को बुलाऊं।"

जीवानंद ने कहा, "मैं जाता हूं।" जीवानंद जल्दी–जल्दी चल देने को तैयार हो गए। निम्मी ने दौड़कर दरवाजा लगाया और उधर को पीठ करके खड़ी हो गई। बोली, "मुझे मार लो, फिर बाहर निकलो। भाभी से मिले बिना तुम नहीं जा सकते।"

जीवानंद बोले, "मालूम है, मैंने कितनों को मारकर फेंक दिया है।"

निम्मी ने अबकी रंज होकर कहा, "बड़ा नाम किया है! बीवी को छोड़ोगे, लोगों की जान लेंगे और मैं इनसे डर जाऊंगी! आखिर जिस बाप के बेटे तुम हो, मैं भी उसी बाप की बेटी हूं। किसी को मारने में अगर बड़ाई है तो मुझे मार डालो।"

जीवानंद हंसे। कहा, "बुला किस पापिन को बुलाती है। लेकिन सुन, फिर अगर कभी ऐसा कहा, तो तुझे कुछ कहूं चाहे नहीं, उस साले के भाई का सर घुटवाकर, गंजे सिर पर मठा डाल उलटे गधे की पीठ पर बिठाकर देश–निकाला दूंगा।"

निम्मी ने मन ही मन कहा, फिर तो अपनी भी जान बचे। वह हंसती हुई बाहर गई। घास के एक झोंपड़े में दाखिल हुई। अंदर सैकड़ों पबंद वाला कपड़ा पहने रूखे बालों वाली एक स्त्री बैठकर चरखा कात रही थी। निम्मी ने कहा, "भाभी जल्दी–जल्दी!"

भाभी ने कहा, "जल्दी काहे की री! पति देवता ने खबर ली है, चोट पर तेल की मालिश करनी है?"

निम्मी बोली, "लगभग वही समझो। तेल है घर में।"

उस बेचारी ने तेल निकाला। निम्मी ने जल्दी–जल्दी उसके बालों में तेल लगाया और एक काम चलाऊं जूड़ा बांध दिया। फिर पीठ पर एक मुक्का जमाकर कहा, "तुम्हारी वह साड़ी कहां है, ढाका वाली?"

उस स्त्री ने कहा, "बात क्या है, पागल तो नहीं हो गई हो?"

निम्मी ने फिर एक मुक्का जमाया—"साड़ी निकालो।"

आखिर वह करती क्या है, यह मजा देखने के लिए ही, क्योंकि इतने कष्ट के बावजूद मजा देखने की जो वृत्ति है, वह उसके मन से गई नहीं थी। नई जवानी, चढ़ती उमर का खिले फूल–सा सौंदर्य, रूखे बाल, शृंगार नहीं, भोजन नहीं, लेकिन तो भी उस पैबंद लगी साड़ी के अंदर से अनुपम सौंदर्य फूटा पड़ता था। रंग में छाया लोक की चंचलता, आंखों में कटाक्ष, होंठों पर हंसी, हृदय में धीरज। भोजन नसीब नहीं, लेकिन तो भी शरीर लावण्यमय, वेशभूषा नहीं, फिर भी निखरा रूप। मेघ में जैसे बिजली, मन में जैसे प्रतिभा, दुनिया के शब्द में जैसे संगीत, मृत्यु में जैसे सुख, वैसे ही उस

रूप में अनिर्वचनीय कुछ था! अनिर्वचनीय माधुर्य, अनिर्वचनीय ऊंचा भाव, अनिर्वचनीय प्रेम, अनिर्वचनीय भक्ति। हंसते–हंसते (वह हंसी किसी ने देखी नहीं) उसने वह साड़ी निकाल दी। कहा, ''निम्मी, क्या होगा?'' वह बोली, ''पहनोगी और क्या होगा।'' भाभी ने पूछा, ''पहनूंगी, तो क्या होगा।'' निम्मी ने अपनी सुंदर बांहें उसके कोमल गले में डाल दीं और कहा, ''भैया आए हैं। तुझे बुलाया है।'' उसने कहा, ''बुलाया है तो इस साड़ी की क्या जरूरत है। चलो, ऐसे ही चलूं।'' निम्मी ने उसके गाल पर एक चपत जड़ दी। भाभी ने गर्दन पर हाथ रखकर निम्मी को झोंपड़े से बाहर किया। बोली, ''इसी कपड़े में चलूंगी मैं।'' ''हर्गिज कपड़ा नहीं बदला।'' लाचार निम्मी मान गई। निम्मी उसे लिवा गई। अपने घर में उसे भेजकर दरवाजा बंद करके बाहर खड़ी रही।

16

उस स्त्री की उम्र लगभग पचीस साल की थी, लेकिन देखने में निम्मी से ज्यादा उम्र की नहीं लगती थी। फटे कपड़े और मैले वेश में कमरे में जो गई, लगा, कमरा हंस उठा। लगा, किसी पेड़ में पत्तों की ओट में कलियां थीं, सहसा सब खिल पड़ीं, लगा, गुलाबजल का मुंहबंद बर्तन एकाएक खुल गया—मानो बुझी आग में किसी ने धूप—गुग्गुल डाल दिया! अंदर जाकर वह इधर—उधर अपने पति को निहारने लगी। पहले तो दिखाई नहीं पड़ा। फिर नजर आया, आंगन में आम का जो छोटा—सा पेड़ था, उसी की डाल पर सिर रखकर जीवानंद रो रहे हैं। वह सुंदरी उनके पास गई। धीरे—धीरे उनका हाथ पकड़ा। यह नहीं कहता कि उसकी आंखों में आंसू नहीं आया। ईश्वर जानते हैं कि उसकी आंखों में जो बाढ़ आई थी, वह अगर बहती तो जीवानंद को बहा ले जाती। लेकिन उसने उसे बहने नहीं दिया। जीवानंद के हाथ को अपने हाथ में लेकर बोली, ''छिः रोओ मत। मैं जानती हूं कि तुम मेरे लिए रो रहे हो। मेरे लिए न रोओ। तुमने मुझे जैसे रखा है, मैं उसी में सुखी हूं।'' जीवानंद ने सर उठाया। आंखें पोंछी। स्त्री ने पूछा, ''शांति, यह पैबंद लगा कपड़ा क्यों। खाने—पहनने की कमी तो तुम्हें नहीं है।''

शांति ने कहा, ''तुम्हारा धन तुम्हारे ही लिए है। रुपयों का क्या करना होता है, मैं नहीं जानती। तुम जिस दिन आवोगे, जिस दिन मुझे ग्रहण करोगे—''

जीवा., ''जरूर ग्रहण करूंगा, मैंने तुम्हें त्यागा थोड़े है।''

शांति., ''त्यागा नहीं है—लेकिन जब तुम्हारा व्रत पूरा होगा, जब फिर से मुझे प्यार करोगे—''

उसकी बात पूरी भी न हुई कि जीवानंद ने उसे छाती से लगा लिया। उसके कंधे पर सिर रखकर देर तक चुप रहे। उसके बाद लंबी उसांस लेकर बोले, ''भेंट लेकिन क्यों की?''

शांति ने कहा, ''भेंट करके तुमने तो अपना व्रत भंग किया?''

जीवानंद बोले, ''होने दो भंग, प्रायश्चित्त है उसका। उसकी तुम फिक्र न करो। लेकिन तुम्हें छोड़कर तो जा नहीं पा रहा हूं। मैंने इसलिए निमाईमणि से कहा था, छोड़ो मिलने की जरूरत नहीं। मिलने के बाद मैं जा नहीं सकूंगा। एक ओर धर्म, अर्थ, काम, मोक्ष, दीन–दुनिया, याग–यज्ञ, व्रत–सब और एक ओर तुम। बहुत बार मैं समझ नहीं पाता कि पलड़ा किधर का भारी है। देश तो शांत है, मैं देश को लेकर क्या करूंगा। देश की कट्ठा भर जमीन मिल जाए, तो तुम्हारे साथ मैं स्वर्ग तैयार कर सकता हूं। देश का मुझे क्या करना! देश वालों का यह दुर्भाग्य है कि तुम जैसी स्त्री को पाकर त्याग किया, इससे बढ़कर देश में और क्या दुःख है? जिसने तुम्हारे बदन पर ऐसा मैला और पैबंद लगा कपड़ा देखा, उसके जैसा गरीब देश में कौन है? मेरे सभी धर्मों की सहाय तुम हो। ऐसी सहाय को जिसने छोड़ा, उसके लिए सनातन धर्म क्या है? मैं आखिर किस धर्म के लिए जगह–जगह वन–वन की खाक छानता हूं, कंधे पर बंदूक रखे जीवों की हत्या करके पाप का बोझा उठा रहा हूं? नहीं जानता, धरती संतानों को मिलेगी या नहीं मगर तुम मुझे मिली हो। चलो, घर चलें। अब मैं लौटकर नहीं जाऊंगा।''

शांति कुछ देर बोल नहीं सकी। उसके बाद बोली, "छिः तुम वीर हो। दुनिया में मेरा बड़ा सुख यही है कि मैं वीर की पत्नी हूं। एक तुच्छ स्त्री के लिए तुम वीर–धर्म को छोड़ोगे? तुम मुझे प्यार न करो, वह सुख मैं नहीं चाहती, लेकिन अपना वीर–धर्म मत छोड़ना। हां, एक बात बताते जाओ, इस व्रत के भंग होने का प्रायश्चित्त क्या है?"

जीवानंद ने कहा, "प्रायश्चित्त है दान, उपवास!"

शांति जरा हंसी। बोली, "वह प्रायश्चित्त मुझे मालूम है। एक दोष का जो प्रायश्चित्त है, सौ का भी क्या वही है?"

विस्मित और उदास होकर जीवानंद ने पूछा, "लेकिन यह सब क्यों ?"

शांति बोली, "एक भीख मांगनी है। भीख मांगनी है कि मुझसे मिले बिना प्रायश्चित्त न करना।"

जीवानंद हंसकर बोले, "उसके लिए खातिर जमा रखो। तुमको देखे बिना मैं नहीं मरूंगा। मरने की उतनी जल्दी नहीं है। मैं अब यहां नहीं ठहरूंगा, लेकिन आंख भर कर तुम्हें देख नहीं सका। एक दिन देखूंगा जरूर, कभी न कभी वह मनोकामना पूरी होगी। मैं अब जाता हूं। मेरा एक अनुरोध मानो। यह वेश–भूषा छोड़ो, मेरे पैतृक मकान में जाकर रहो।"

शांति ने पूछा, "तुम अभी कहां जाओगे?"

जीवानंद ने कहा, "अभी तो मैं ब्रह्मचारी जी की खोज के लिए मठ में जाऊंगा। वे जिस ढंग से शहर गए हैं, उससे चिंता हुई है। अगर वे मंदिर में न मिले तो शहर जाऊंगा।"

17

भवानंद मठ में भजन कर रहे थे कि ज्ञानानंद नाम के एक तेजस्वी संतान उनके पास आए। भवानंद ने पूछा, ''क्यों भाई, सूरत ऐसी क्यों बना रखी है?''

ज्ञानानंद ने कहा, ''कुछ गोलमाल लग रहा है। कल जो घटना हुई, उससे गेरुआ वालों पर आफत टूट पड़ी है। मियां लोग गेरुआ कपड़ा देखते हैं और पकड़ लेते हैं। आज संतानों ने गेरुआ उतार दिया है। एक सत्यानंद स्वामी ही गेरुआ पहन कर नगर की ओर गए हैं। क्या पता वे कहीं मुसलमानों के चंगुल में पड़ जाएं।''

भवानंद ने कहा, ''उन्हें पकड़े, बंगाल में ऐसा मुसलमान नहीं है। मुझे मालूम है, धीरानंद उनके पीछे–पीछे गए हैं। फिर भी मैं एक बार शहर में घूम आता हूं। तुम मठ का ध्यान रखना।''

भवानंद एक एकांत कमरे में गए। एक बड़े–से संदूक से कुछ कपड़े निकाले। एकाएक उनका रूप ही बदल गया। गेरुआ कपड़े की चूड़ीदार पायजामा, मिरजई, काबा, अमामा और पैरों में नागरा जूता। चेहरे से चंदन की छाप धुल गई। भौंरे से काली दाढ़ी–मूंछ वाला मुख–मंडल बड़ा भला लगने लगा। वे मुगल जवान से लगने लगे।

वे हथियार के साथ मठ से बाहर निकले। वहां से दो कोस आगे दो छोटे पहाड़ थे, जिन पर जंगल था। उन्हीं पहाड़ों में एक गुप्त जगह थी, जहां बहुत से घोड़े रखे गए थे। मठ की घुड़साल यही थी। भवानंद ने एक घोड़े को खोला और उसकी पीठ पर सवार हो शहर की ओर भागे।

रास्ते में रुकावट हुई। नदी किनारे आसमान में टूटे हुए तारे जैसी एक स्त्री पड़ी मिली। उन्होंने देखा, शरीर में जीवन का तो कोई लक्षण नहीं। जहर की खाली डिबिया पास ही पड़ी थी। भवानंद चकित और दुखित हुए। जीवानंद की भांति भवानंद ने भी महेंद्र की स्त्री–बच्ची को नहीं देखा था। जीवानंद ने जिन कारणों से यह संदेह किया था कि ये महेंद्र की स्त्री–बच्ची हो सकती है, भवानंद के सामने वे कारण न थे क्योंकि इन्होंने ब्रह्मचारी और महेंद्र की बंदी–रूप में जाते देखा, बच्ची भी वहां नहीं थी। लिहाजा जहर की डिबिया देखकर उन्होंने सोचा, कोई स्त्री जहर खाकर मर गई है। भवानंद लाश के पास बैठे। बैठकर माथे पर हाथ रखकर देर तक सोचते रहे। उसके सर पर, हाथ–पांव में, पंजरे में हाथ रखकर देखा। बहुत–से लोग जो नहीं जानते, ऐसी जांच की बहुत तरह से और मन ही मन बोले, ''अभी भी आशा है, मगर इसे जिला कर क्या करूंगा?'' बड़ी देर तक ये सोचते रहे और वन से किसी पेड़ के कुछ पत्ते तोड़ लाए। उन पत्तों का रस निचोड़ा और रोगी के दांत उठा कर अंगुली के सहारे थोड़ा–सा रस उसके मुंह में डाल दिया। कुछ रस नाक में डाला और कुछ बदन में लगाने लगे। बार–बार इसी तरह करते रहे और नाक के पास हाथ ले जाकर देखते रहे कि सांस चलती है या नहीं। पहले तो लगा कि सारी मेहनत बेकार गई। लेकिन कुछ देर बाद भवानंद के चेहरे पर खुशी झलकी। अंगुली पर निश्वास का अनुभव हुआ। वे वैसा ही करते गए। धीरे–धीरे सांस का चलना तेज होता गया। नब्ज टटोली। उसमें गति आ गई थी।

और अंत में पूरब दिशा में पहली किरण के विकास की भांति, प्रभात पद्द के पहले उन्मेष की नाईं, पहले प्रेमानुभव की तरह कल्याणी ने आंखें खोलीं। भवानंद ने उस अर्द्धजीवित शरीर को घोड़े की पीठ पर रखा और तेजी से नगर की ओर चल दिए।

18

सांझ होते न होते सभी संतानों को मालूम हो गया कि सत्यानंद ब्रह्मचारी और महेंद्र नगर के कैदखाने में बंद हैं। सुनकर एक–एक, दो–दो करके सैकड़ों संतान मंदिर के पास के जंगल में जमा होने लगे। सब की आंखों में क्रोध की चिनगारी, चेहरे पर ओज, होंठों पर प्रतिज्ञा। पहले सौ, फिर हजार, फिर दो हजार—इस तरह उनकी तादाद बढ़ने लगे। हाथ में तलवार लिए मठ के द्वार पर खड़े होकर ज्ञानानंद कहने लगे, "हमने बहुत दिनों से सोचा है कि क्या वे इस घोंसले को तोड़–फोड़ कर नदी में डाल देंगे, भवनपुरी को फूंक डालेंगे। सूअर के इस अड्डे को जलाकर धरती माता को फिर से पवित्र करेंगे। भाइयो, आज वही दिन आया है। हमारे गुरु, परम गुरु, जो अनंत ज्ञानी हैं, सर्वदा शुद्धाचारी हैं, जो लोक और देश के हितैषी हैं, सनातन धर्म का फिर से प्रचार करने के लिए जिन्होंने शरीर देने की प्रतिज्ञा की है—जिन्हें हम विष्णु का अवतार स्वरूप मानते हैं, जो हमारी मुक्ति के उपाय हैं, वे आज मुसलमानों के कैदखाने में बंद हैं। हमारी तलवार में क्या धार नहीं है?"—हाथ फैलाकर ज्ञानानंद बोले, "इन भुजाओं में क्या धार

नहीं है?''—छाती ठोंक कर कहा, ''इस हृदय में क्या साहस नहीं है? भाइयो, कहिए, हरे मुरारे मधुकैट भारे।—जिन्होंने मधुकैटभ का विनाश किया, जिन्होंने हिरण्यकषिपु, कंस, वक्रदंत, शिशुपाल आदि कठिन असुरों को मारा है, जिनके रथ–चक्र के घर्घर से मृत्यु को जीतने वाले शंभू भी डर गए थे—जो अजेय हैं, रण में विजय दिलाने वाले हैं, हम उसके उपासक हैं। उनकी शक्ति से हमारे बाहुओं में असीम बल है। उनकी इच्छा होगी तो हम अवश्य जीतेंगे। चलिए, हम उस भवनपुरी को धूल में मिला दें, बया के घोंसले को पानी में डुबा दें। कहिए, हरे मुरारे मधुकैटभारे।''

हजारों गले से यह ध्वनि जंगल में गूंज उठी—हरे मुरारे मधुकैटभारे। हजारों तलवारें एक साथ झनझाना उठीं, हजारों भाले एक साथ ऊपर की ओर उठे। योद्धाओं की पीठ पर हजारों ढालें तड़तड़ा उठीं। कोलाहल से पशु जंगल से भाग गए। चिड़ियां भयकातर स्वर के साथ ऊपर उड़ गईं। सैकड़ों डंकों पर चोटें पड़ीं और 'हरे मुरारे मधुकैटभारे' की ध्वनि के साथ कतारों में संतान जंगल से बाहर होने लगे। वे सब धीरे–धीरे नगर में पहुंचे। अकस्मात इतनी बड़ी फौज को देख नगर के लोग कहां भागे, पता नहीं। नगर–रक्षी भौंचक रह गए।

संतानों ने पहले कैदखाने को ही तोड़ा, पहरेदारों को मारा और सत्यानंद तथा महेंद्र को छुड़ाकर उन्हें माथे पर उठाकर नाचने लगे। 'हरि–हरि' का नारा बुलंद होने लगा। मुसलमानों के घरों में आग लगा दी, सत्यानंद ने कहा, ''अब लौट चलो। खामखा ऐसा अनर्थ करने की जरूरत नहीं।'' संतानों की ज्यादती की खबर पाकर सरकार ने उनके दमन के लिए फौज भेजी। फौज के आने का समाचार पाकर संतानों ने मुकाबले की सोची। मगर तोपों के आगे लाठी, भाले और कुछ बंदूकें क्या कर सकती थीं। सो वे हार कर भागने लगे।

दूसरा खण्ड

1

बहुत ही छोटी उम्र में शांति की मां चल बसी थी। जिन उपादानों से शांति का चरित्र बना, उनमें से यह एक प्रधान है। उसके पिता ब्राह्मण अध्यापक थे। उनके घर में दूसरी कोई स्त्री नहीं थी।

सो जब शांति के पिता छात्रों को पढ़ाया करते, वह उनके पास जाकर बैठा करती थी। टोल में कुछ छात्र रहते भी थे। शांति उन लोगों के साथ खेला करती, उनकी गोद–पीठ पर चढ़ा करती। छात्र भी उसका आदर करते थे।

बचपन में सदा लड़कों के साथ रहने का पहला नतीजा यह निकला कि शांति ने लड़कियों की तरह धोती बांधना नहीं सीखा या सीखकर छोड़ दिया। वह लड़कों की तरह कपड़ा पहनती। कोई पहना भी देता तो खोलकर लड़कों की तरह पहन लेती। लड़के बाल नहीं बांधते थे, इसलिए शांति भी कभी जूड़ा नहीं बांधती—और उसका जूड़ा बांध भी कौन देता? लड़के लकड़ी की कंघी से उसका बाल संवार देते; घुंघराले होकर उसके बाल पीठ–कंधा और गाल पर लटकते रहते। छात्रों की तरह वह भी चंदन लगाती। जनेऊ नहीं

पहन पाती, इसके लिए वह बहुत रोया करती। लेकिन आह्निक के समय छात्रों के पास बैठकर वह नकल करना नहीं छोड़ती।

अध्यापक के न रहने पर छात्र अश्लील संस्कृत की उक्ति मिलाकर कुछ ऐसे–वैसे श्लोक कहते। शांति ने सुग्गे की तरह वह सब भी सीखा और सुग्गे की ही तरह यह नहीं जानती कि उनका अर्थ क्या है।

दूसरा फल यह हुआ कि कुछ बड़ी होने पर उसने भी वही सीखा, जो छात्र पढ़ा करते थे। व्याकरण का कुछ भी नहीं जानती, लेकिन यही रघुवंश, कुमार संभव, नैषध आदि के श्लोक व्याख्या–सहित मुखस्थ करने लगी। देख–सुनकर शांति के पिता ने 'यद् भविष्यति तद् भविष्यति' कहकर उसे मुग्ध बोध आरंभ कराया। शांति बहुत जल्दी–जल्दी सीखने लगी। पिता चकित हुए। व्याकरण के साथ–साथ थोड़ा बहुत साहित्य भी पढ़ाया। उसके बाद सब गोल–माल हो गया। पिता स्वर्गवासी हुए।

शांति निराश्रित हो गई। टोल उठ गया। छात्र सब चले गए। लेकिन शांति को वे स्नेह करते थे। उसे छोड़कर नहीं जा सके। कृपा करके एक छात्र उसे अपने घर ले गया। यही आगे संतान संप्रदाय में सम्मिलित होकर जीवानंद हुए। हम उन्हें जीवानंद ही कहेंगे। उस समय जीवानंद के माता–पिता जीवित थे। जीवानंद ने उन्हें उस लड़की के बारे में बताया। माता–पिता ने पूछा, आखिर इस पराई लड़की का भार कौन लेगा? जीवानंद ने कहा, मैं इसे ले आया हूं, मैं ही इसकी सारी जिम्मेदारी लूंगा। पिता–माता ने कहा ठीक है। जीवानंद क्वांरे थे। शांति ब्याहने योग्य हो गई थी। उन्होंने उससे ब्याह कर लिया।

ब्याह के बाद सभी अफसोस करने लगे। सब ने समझा, काम यह अच्छा नहीं हुआ। शांति ने लड़कियों जैसा कपड़ा हर्गिज न

पहना, किसी भी तरह से जूड़ा नहीं बांधा। वह घर में नहीं रहती। बाहर लड़कों के साथ खेलती। जीवानंद के घर के पास ही जंगल था। शांति जंगल में घुस जाती और कहां मोर है, कहां हिरन है, कहां कौन–सा फूल–फल है–यह खोजती फिरती। सास–ससुर ने पहले मना किया, फिर फटकारा, उसके बाद पीटा और अंत में उसे घर में कैद रखने लगे। इस तरह सताए जाने से शांति बहुत दुखी हुई। एक दिन घर खुला था, वह चुपचाप घर से भाग गई।

जंगल में फूल चुने। अपना कपड़ा रंगा और वह बालक संन्यासी बन गई। उस समय बंगाल में तमाम संन्यासियों की जमात घूमा करती थी। भीख मांगकर खाती हुई शांति जगन्नाथ के रास्ते में पहुंची। कुछ ही दिनों में वहां उसे संन्यासियों का एक दल मिला। वह उन्हीं के साथ हो गई।

तब के संन्यासी आज जैसे न थे। वे दल में रहते। शिक्षित, बलवान, रणकुशल और दूसरे गुणों के आगर होते थे। आमतौर से वे राज–द्रोही होते–राजा का खजाना लूटा करते थे। तगड़े बालकों को देखकर उन्हें वे गायब कर लेते। सिखा–पढ़ाकर उनकी जमात में रखते। इसलिए उन लोगों को लकड़ सुंघवा कहते।

बालक संन्यासी बनकर शांति संन्यासियों के एक संप्रदाय में मिल गई। उसे कुछ नाजुक देखकर पहले तो वे उसे लेने को तैयार नहीं हुए, पर उसकी तेज बुद्धि, चतुराई और कार्य–कुशलता देखकर आदर के साथ दल में रख लिया। वहां वह व्यायाम करती, हथियार चलाना सीखती। इस तरह वह कठिन काम करने में पटु हुई। दल के साथ वह देश–देश घूमी, बहुत–सी लड़ाइयां देखीं, बहुत अस्त्र–विद्या सीखी। धीरे–धीरे उसमें यौवन के लक्षण फूटे। बहुत से संन्यासी जान गए कि यह स्त्री है। लेकिन संन्यासी तो जितेंद्रिय होते हैं–किसी ने उससे कुछ नहीं कहा।

संन्यासियों में कुछ पंडित थे। संस्कृत में शांति की कुछ व्युत्पत्ति देखकर एक पंडित उसे पढ़ाने लगे। संन्यासियों के जितेंद्रिय होने की बात हमने कही है, मगर सभी नहीं होते। ये पंडित न थे वैसे। या यों कहें, शांति की खिलती जवानी की निखार से मुग्ध होकर ये डावांडोल होने लगे। शिष्या को वे आदिरस का काव्य पढ़ाने लगे, उनकी न सुनने लायक व्याख्या सुनाने लगे। शांति का लेकिन उससे अपकार के बदले उपकार ही हुआ। लाज किसे कहते हैं, शांति जानती ही न थी। अब स्त्री–सुलभ लज्जा आप ही आ गई। पुरुष के चरित्र पर निर्मल स्त्री–चरित्र की अनोखी आभा पड़ने से शांति के गुणों की आभा बढ़ने लगी। उसने पढ़ना छोड़ दिया।

व्याधा जैसे हिरनी के पीछे दौड़ता है, शांति के अध्यापक शांति को देखते ही उसी तरह लपकने लगे। लेकिन व्यायाम करके शांति ने पुरुष के लिए भी जो दुर्लभ है, वह शक्ति पाई थी। अध्यापक निकट जाते कि घूंसे और मुक्कों से उनकी पूजा करती। वह पूजा कुछ मामूली नहीं होती। एक दिन की बात है, अकेले में पाकर अध्यापक ने बड़े जोर से शांति का हाथ पकड़ा। शांति उनसे अपना हाथ न छुड़ा सकी। मगर संन्यासी की बदकिस्मती से हाथ वह बायां था। दाएं हाथ से शांति ने उनको वह घूंसा जमाया कि अध्यापक मूर्च्छित हो गए। शांति दल छोड़कर भाग गई।

शांति को भय छू नहीं गया था। वह अकेली ही अपने साहस और बाहुबल के भरोसे निर्विघ्न अपने देश की ओर चली। भीख मांगकर या जंगल के फलों से भूख बुझाती हुई, बहुत मारपीट में विजयी होकर अपनी ससुराल पहुंची। देखा ससुर तो गुजर चुके हैं। लेकिन सास ने उसे घर में जगह न दी—जाति जाएगी। शांति चली आई। जीवानंद घर पर ही थे। वे शांति के पीछे–पीछे गए और पूछा, "तुम मेरे घर से भाग क्यों गई थी?" कहां थी इतने दिनों?" शांति ने आदि से अंत तक सब कहा। जीवानंद सच–झूठ को समझ सकते

थे। शांति की बात पर उन्होंने विश्वास किया। जो सम्मोहन बाण अप्सराओं के भ्रूविलासमय कटाक्ष की ज्योति से बड़े जतन से बना है, पुष्पधनु परिणीत दंपती पर उसकी अपव्यय नहीं करते।

अंग्रेज पूनम की रात में राजपथ पर गैस जलाते हैं, यहां के लोग तेल लगे सिर में ही तेल उंड़ेला करते हैं। मनुष्यों की बात दूर—कभी—कभी चंद्रमा भी सूर्य उगने के बाद उगा रहता है; इंद्र समुद्र में पानी बरसाते हैं; जिस बक्स में रुपयों की ढेर होती है, कुबेर रुपया लेकर उसकी में जाते हैं; यमराज जिनके प्रायः सभी को ले चुके होते हैं, उन्हीं के बाकी बचे को भी ले जाते हैं। केवल रतिपति ही ऐसे हैं, जिनमें ऐसी निर्बुद्धिता का काम नहीं देखा जाता। जहां ब्याह कर बंधन बंध गया, वहां वे निरर्थक परिश्रम नहीं करते, प्रजापति पर सारा भार देकर ऐसों की ताक में लग जाते हैं, जिनके हृदय के लहू को पी सकें। लेकिन लगता है, आज उन्हें कोई काम नहीं था। सो फूलों के दो तीर छोड़ दिए! एक तीर ने तो जीवानंद के हृदय को घायल किया और दूसरे ने शांति के कलेजे में घाव करके पहली बार उसे यह बताया कि वह कलेजा औरत का है—बड़ा ही नाजुक। नई घटा के निकले जल—कण से भीगी कली की नाईं सहसा खिलकर शांति ने जीवानंद की ओर देखा।

जीवानंद ने कहा, "मैं तुम्हें नहीं छोड़ूंगा। मेरे लौटकर आने तक यहीं खड़ी रहो।"

शांति ने कहा, "तुम लौटकर आओगे तो?"

जीवानंद ने कोई उत्तर नहीं दिया, किसी तरह ताका नहीं। सड़क के किनारे के नारियल—कुंज में उन्होंने शांति को चूमा और यह समझकर चले गए कि मैंने अमृत पिया है।

उन्होंने मां को समझाया और उनसे विदाई ली। अभी—अभी भैरवीपुर में उनकी बहन निमाईमणि का विवाह हुआ था। बहनोई

से घनिष्ठता–सी हुई थी। शांति को लेकर वे वहीं गए। बहनोई ने थोड़ी–सी जमीन दी। उसी पर उन्होंने एक झोपड़ा बनाया। शांति के साथ उसमें सुख से रहने लगे। पति के साथ से शांति के चरित्र का पौरुष दिन–दिन दबता चला गया। उसकी जगह धीरे–धीरे रमणी का रमणीय चरित्र विकसित होने लगा। सुख के सपने–सा ही उनका जीवन चलता लेकिन वह सुख–सपना टूट गया। सत्यानंद की प्रेरणा से जीवानंद ने संतान धर्म की दीक्षा ली और शांति को छोड़ गए। तब से यहीं पहली बार उन दोनों की मुलाकात हुई शांति के कौशल से।

2

जीवानंद के चले जाने पर शांति निम्मी के बरामदे में जाकर बैठी। निम्मी बच्ची को गोदी में लिए उसके पास आकर बैठ गई। शांति की आंखों में आंसू न थे। आंखें उसने पोंछ ली थीं। चेहरे पर प्रसन्नता ले आई थी। थोड़ा–थोड़ा हंस रही थी। लेकिन कुछ गंभीर थी, चिंतित–सी अनमनी। निम्मी ने स्थिति समझकर कहा, ''भेंट तो हुई लेकिन।''

शांति ने कोई जवाब नहीं दिया। चुप रही। निम्मी समझ गई, शांति अपने मन की कोई बात नहीं बताएगी। वह जानती थी कि शांति मन की बात बताना पसंद नहीं करती। सो उसने दूसरा ही प्रसंग छेड़ा। बोली, ''देखो तो भाभी, कैसी है यह बच्ची।''

शांति ने कहा, ''अरी, लड़की कहां से मिली। तुझे कब लड़की हुई?''

निम्मी ने कहा, ''मरो तुम, यमराज के गाल में जाओ! अरे, यह तो भैया की लड़की है।''

निम्मी ने शांति को कुढ़ाने के लिए यह बात नहीं कही थी। भैया की लड़की से उसका मतलब था, भैया दे गए हैं। शांति ने

यह नहीं समझा। उसे लगा, निमाई उसे सुई चुभोना चाह रही है। बोली, ''मैंने बच्ची के बाप के बारे में नहीं पूछा, उसकी मां की पूछ रही हूं।''

निमाई को कहे की सजा मिल गई। अप्रतिभ होकर बोली, ''पता नहीं बहन, किसकी बच्ची है। भैया कहीं से उठा–पुठा लाए हैं। पूछने का तो अवसर मिला नहीं। अकाल के दिन हैं, जाने कितने लोग अपने बच्चे को फेंक देते हैं। हमारे ही पास भी कितने आए थे बच्चा बेचने। लेकिन पराया बच्चा ले कौन? (निम्मी की आंखों में फिर पानी भर आया–पोंछकर फिर कहने कहने लगी) देखने में अच्छी है। मैंने भैया से मांग लिया है।''

उसके बाद शांति देर तक उससे बातें करती रही। निम्मी के पति जब आ गए तो उठकर वह अपने झोंपड़े में चली गई। झोंपड़े का दरवाजा अंदर से बंद कर लिया। चूल्हे से कुछ राख निकालकर बाहर रखा। अपने लिए जो चावल उबालकर रखा था, उसे बची राख पर फेंक दिया। खड़ी–खड़ी कुछ देर तक सोचती रही। फिर मन ही मन कहा, अब तक जो सोचती आई हूं, आज वही करूंगी। जिस उम्मीद पर आज तक उसे नहीं किया, वह सफल हुई। सफल हुई या निष्फल–निष्फल। जीवन ही निष्फल है। जो संकल्प किया है, करके रहूंगी। एक बार का जो प्रायश्चित्त है, सौ बार का भी वही है।

चावल को उसने चूल्हें में डाल दिया। जंगल से फल तोड़ लाई। अन्न लाई। अन्न के बदले फल ही खाया। ढाका वाली वह साड़ी निकाली, जिस पर निम्मी चोट करती थी। उसकी कोर फाड़कर फेंक दी। बाकी कपड़े को गेरुआ से रंगाया। इतना सब करने में सांझ हो गई। सांझ होने पर शांति एक मजे के काम में जुट गई। अपने लंबे बालों का कुछ हिस्सा कैंची से काट डाला।

जो बचा, उसकी जटा बनाई। रुखे बाल सुंदर जटा हो गए। गेरुआ कपड़े का दो टुकड़ा किया। एक को पहना, दूसरे से छाती ढंकी। घर में आईना था। बहुत दिनों के बाद शांति ने उस आईने को निकाला। निकालकर अपनी शक्ल देखी। देखकर बोली, हाय, मैं करूं तो क्या? आईने को रख दिया। जो बाल कतर दिए थे, उसकी दाढ़ी–मूंछ बनाई–मगर लग न सकी। सोचा, छिः ऐसा भी होता है। अब भला वह समय है? लेकिन हां, बूढ़े को सबक सिखाने के लिए इन्हें सहेज कर रखना ठीक है। सो उन्हें कपड़े में बांध लिया। अंदर से हरिन का चमड़ा निकाला। गले में गिरह देकर गले से जांघ तक उससे ढंक लिया। सब ठीक हो जाने पर उसने घर के चारों तरफ गौर किया और दो पहर रात को दरवाजा खोलकर अकेली घने जंगल में चली गई।

3

दूसरे दिन आनंदमठ के एक एकांत कमरे में तीनों नायक आपस में बातें कर रहे थे। जीवानंद ने सत्यानंद से पूछा, ''महाराज! देवता हमसे इतने अप्रसन्न क्यों हैं? किस दोष के चलते हमें मुसलमानों से हारना पड़ा?''

सत्यानंद ने कहा, ''देवता अप्रसन्न नहीं हैं। युद्ध में जीत–हार दोनों होती हैं। उस दिन हम लोग विजयी हुए थे, आज हार गए। अंतिम विजय ही विजय है। हमारा निश्चित विश्वास है कि जो आज तक हम पर कृपा करते रहे हैं, वे शंख–चक्र गदाधारी फिर हम पर दया करेंगे। उनके चरण छूकर हमने जो व्रत लिया है, हमें वह व्रत अवश्य पूरा करना है। यदि उससे विमुख हों तो हमें अनंत नरक मिलेगा। भावी नरक के बारे में मुझे कोई संदेह नहीं है। लेकिन जैसे दैव की कृपा के बिना कोई काम सिद्ध नहीं होता, वैसे ही पौरुष भी चाहिए। हम लोगों ने जो शिकस्त खाई, उसका कारण यह है कि हमारे पास हथियार नहीं हैं। तोप–बंदूक के सामने लाठी–भाले से क्या होगा? लिहाजा हथियारों की कमी से ही हमारी हार हुई। अब हमारा कर्त्तव्य यह है कि हम ऐसा करें कि हमें भी वैसे अस्त्रों की कमी न रहे।''

जीवा., ''यह बड़ा कठिन काम है।''

सत्या., ''कठिन काम है जीवानंद? संतान होकर तुमने जुबान पर ऐसी बात लाई? संतानों के लिए कठिन काम है कौन–सा?''

जीवा., ''तो आज्ञा करें, कैसे हथियार जुटाएं।''

सत्या., ''हथियार जुटाने के लिए मैं आज तीर्थ–यात्रा करूंगा। जब तक मैं लौट न पाऊं, तब तक तुम लोग किसी बड़े मामले में हाथ न डालना। हां, संतानों में एकता जिसमें बनी रहे, उनके अन्न–वस्त्र का इंतजाम रखना और लड़ाई में जीत के लिए धन का भंडार भरना। वह भार तुम दोनों पर रहा।''

भवानंद ने पूछा, ''तीर्थ–यात्रा करके हथियार कैसे संग्रह करेंगे? खरीद कर तोप–बदूंक भेजने में बड़ी कठिनाई है। फिर इतनी मिलेगी भी कहां, कौन बेचेगा, लाएगा भी कौन?''

सत्या., ''खरीदकर हमारा काम नहीं चलेगा। मैं कारीगर भेजूंगा, यहीं तैयार कराना होगा।''

जीवा., ''यहां? आनंदमठ में?''

सत्या., ''यह भी हो सकता है भला! इसका उपाय मैं बहुत दिनों से सोच रहा हूं। ईश्वर ने अब उसका मौका बना दिया। तुम लोग कह रहे थे, ईश्वर हमारे प्रतिकूल हैं। मैं देखता हूं, वे अनुकूल हैं।''

भवा., ''कारखाना कहां होगा?''

सत्या., ''पदचिह्न में।''

जीवा., ''पदचिह्न में? सो कैसे?''

सत्या., ''आखिर महेंद्र को यह महाव्रत ग्रहण कराने के लिए मैंने इतना कुछ क्यों किया?''

भवा., ''महेंद्र ने व्रत ग्रहण कर लिया?''

सत्या., ''किया नहीं है, करेगा। आज रात उसे दीक्षित करूंगा।''

जीवा., ''महेंद्र को व्रत करने के लिए क्या किया गया है, हमें नहीं मालूम। उसकी स्त्री–बच्ची का क्या हुआ? उन्हें उसने कहां रखा? आज मैंने नदी किनारे एक नन्ही बच्ची को पड़ा पाया। उसे अपनी बहन के पास रख आया हूं। वहीं पर एक स्त्री मरी पड़ी थी। वही तो महेंद्र की स्त्री–बच्ची नहीं? मुझे तो ऐसा ही लगा था।''

सत्या., ''हां, महेंद्र की स्त्री–बच्ची वही है।''

भवानंद चौंक उठे। वे समझ गए, जिस स्त्री को उन्होंने दवा–दारू करके जिलाया है, वही महेंद्र की स्त्री कल्याणी है। लेकिन अभी इस बात को जाहिर करने की जरूरत नहीं समझी।

जीवानंद ने कहा, ''महेंद्र की स्त्री मरी कैसे?''

सत्या., ''जहर खाकर।''

जीवा., ''क्यों, जहर क्यों खाया?''

सत्या., ''स्वप्न में भगवान ने उसे प्राण देने का आदेश दिया था।''

भवा., ''स्वप्न का वह आदेश क्या संतानों की कार्यसिद्धि के लिए हुआ था?''

सत्या., ''महेंद्र से तो ऐसा ही मालूम हुआ। सांझ हो चली। मैं सायंकृत्य के लिए जा रहा हूं, इसके बाद नए संतानों को दीक्षा देनी होगी।''

भवा., ''संतानों को? महेंद्र के सिवाय और कोई आपका अपना शिष्य होने की स्पर्धा रखता है क्या?''

सत्या., ''हां, एक और है। उसे मैंने पहले कभी नहीं देखा। आज पहली बार मेरे पास आया है, नया नौजवान है। उसकी बातचीत और रंग–ढंग से मैं बहुत प्रसन्न हुआ हूं। लगा, वह खरा

सोना है, उसे शिक्षित कराने का भार जीवानंद पर रहा। क्योंकि जीवानंद लोगों को आकर्षित करने में बड़ा कुशल है। मैं जाता हूं, तुम्हें एक उपदेश देना है, खूब ध्यान से सुनो।''

दोनों ने हाथ जोड़कर कहा, ''आज्ञा कीजिए।''

सत्यानंद ने कहा, ''तुम दोनों ने अगर कोई अपराध किया हो या मेरे लौट आने से पहले करो, तो उसका प्रायश्चित्त मेरे लौट आने से पहले न करना। मैं लौटूंगा, तो प्रायश्चित्त निश्चित रूप से करना होगा।''

सत्यानंद अपने काम से चले गए। भवानंद और जीवानंद परस्पर एक–दूसरे का मुंह देखने लगे।

भवानंद ने कहा, ''इशारा तुम्हारी ओर तो नहीं?''

जीवानंद बोले, ''शायद महेंद्र की बच्ची को रखने के लिए बहन के यहां गया था।''

भवानंद ने कहा, ''लेकिन उसमें क्या दोष है? स्त्री से तो नहीं भेंट कर आए?''

जीवानंद बोले, ''गुरुदेव शायद ऐसा ही सोच रहे हैं।''

4

सायंकृत्य समाप्त करके सत्यानंद ने महेंद्र को बुलाकर कहा, ''तुम्हारी बच्ची जीवित है।''

महेंद्र, ''कहां है महाराज।''

सत्या., ''तुम मुझे महाराज क्यों कह रहे हो?''

महेंद्र, ''सभी कोई कहते हैं, इसलिए। मठ के अधिकारियों को राजा संबोधन करना होता है। मेरी बच्ची कहां है महाराज?''

सत्या., ''उसे जानने से पहले एक बात का निश्चित उत्तर दो। तुम संतान धर्म ग्रहण करोगे?''

महेंद्र, ''स्थिर तो यही किया है।''

सत्या., ''तो फिर यह जानना न चाहो कि बच्ची कहां है?''

महेंद्र, ''क्यों महाराज?''

सत्या., ''इसलिए कि जो यह व्रत लेते हैं, उन्हें स्त्री, पुत्र–कन्या, स्वजन किसी से संबंध नहीं रखना चाहिए। उनका मुंह देख लेने पर भी प्रायश्चित्त करना पड़ता है। जब तक संतानों का लक्ष्य नहीं पूरा होता तब तक तुम बच्ची का मुंह नहीं देख पाओगे। इसलिए अगर

संतान बनने का निश्चय कर लिया है तो बच्ची की खोज से क्या लाभ? उसे देख तो पाओगे नहीं।''

महेंद्र, ''इतना कठोर नियम क्यों प्रभु!''

सत्या., ''संतान का कर्त्तव्य बड़ा कठिन है। जो सर्वत्यागी है, उसके सिवाय दूसरा इस काम के उपयुक्त नहीं। जिसका चित्त माया की डोरी से बंधा रहता है, लटई से लगे पतंग की तरह वह कभी स्वर्ग तक नहीं उठ सकता।''

महेंद्र, ''महाराज, आपकी बात मैं पूरी तरह समझ नहीं सका। जो स्त्री–बच्चों का मुंह देखता है, वह क्या किसी महान् कार्य का अधिकारी नहीं है?''

सत्या., ''असल में बाल–बच्चों का मुखड़ा देखकर हम ईश्वर के काम को भूल जाते हैं। संतानधर्म का नियम यह है कि जरूरत पड़ने पर उसे अपनी जान देनी होगी। तुम्हें अगर बच्ची का मुखड़ा याद आता रहे, तो तुम क्या उसे छोड़कर प्राणों की बलि दे सकोगे?''

महेंद्र, ''उसका मुंह देखे बिना भी क्या उसे भूल सकूंगा?''

सत्या., ''न भूल सको, तो यह व्रत न लो।''

महेंद्र, ''क्या प्रत्येक संतान अपने सबको भूलकर इस व्रत में दीक्षित हुआ है? फिर तो उनकी संख्या बहुत ही कम है।''

सत्या., ''संतान दो तरह के हैं–दीक्षित और अदीक्षित। जो अदीक्षित हैं वे दुनियादार हैं या भिखारी। ऐसे लोग लड़ाई के समय इकट्ठे हो जाते हैं, लूट का हिस्सा या दूसरा पुरस्कार पाकर चले जाते हैं। जो दीक्षित हैं, वे सर्वत्यागी हैं। वही इस संप्रदाय के कर्त्ता हैं। मैं तुम्हें अदीक्षित संतान होने का अनुरोध नहीं करता, लड़ने के लिए लाठी–गंड़ासा लेकर आने वाले बहुत हैं। दीक्षित हुए बिना यहां के किसी बड़े उत्तरदायित्व के अधिकारी तुम नहीं होगे।''

महेंद्र—"आखिर दीक्षा क्या है? दीक्षित होने की जरूरत क्या है? मंत्र तो मैंने पहले ही ले लिया है।"

सत्या., "उस मंत्र को छोड़ना पड़ेगा। तुम्हें फिर से मंत्र लेना होगा—मुझसे।"

महेंद्र, "मंत्र को छोड़ूंगा कैसे?"

सत्या., "उसका तरीका मैं बताता हूं।"

महेंद्र, "परंतु नया मंत्र क्यों लेना होगा।"

सत्या., "इसलिए कि संतान वैष्णव हैं।"

महेंद्र, "नहीं समझा। संतान वैष्णव क्यों हैं? उनका परम धर्म तो अहिंसा है।"

सत्या., "वह वैष्णव चैतन्यदेव का है। नास्तिक बौद्धधर्म के अनुकरण से जो वैष्णवता उपजी थी, यह उसी का लक्ष्य है। सच्चे वैष्णव धर्म का लक्षण है दुष्टों का दमन, धरती का उद्धार। क्योंकि विष्णु ही संसार के पालनकर्त्ता हैं, दस बार शरीर धारण करके उन्होंने पृथ्वी का उद्धार करने वाले और संतानों के इष्ट देवता वही हैं। चैतन्य के विष्णु प्रेममय हैं, किंतु भगवान् केवल प्रेममय नहीं, वे अत्यंत शक्तिशाली हैं। चैतन्य के विष्णु सिर्फ प्रेममय हैं—संतानों के विष्णु शक्तिमय। हम दोनों ही वैष्णव हैं, लेकिन दोनों ही आधे वैष्णव।"

महेंद्र, "बातें कुछ नई—सी लग रही हैं, कासिम बाजार में एक पादरी से भेंट हुई थी। उसने भी ऐसी बातें कही थीं—ईसा प्रेममय हैं, तुम लोग ईसा से प्रेम करो।"

सत्या., "हमारे पुराने पुरखे जैसी बातें समझाते आए हैं, वैसी ही बातें मैं तुम्हें समझा रहा हूं। ईश्वर त्रिगुणातीत हैं, यह सुना है न?"

महेंद्र, "जी। सत्, रज, तम—ये तीन गुण हैं।"

सत्या., "ठीक है। इन तीनों गुणों की अलग–अलग उपासना है। सतोगुण से ईश्वर की दया, दाक्षिण्य आदि की उत्पत्ति है—इसकी उपासना भक्ति से करनी चाहिए। चैतन्यदेव का संप्रदाय यही करता है। रजोगुण से उनकी शक्ति की उत्पत्ति है। इसकी उपासना है युद्ध, देवद्रोहियों का निधन, यह हम करते हैं और तमोगुण से भगवान ने शरीर रूप धारण किया है। इस गुण की पूजा फूल–चंदन से होती है। आम लोग यही करते हैं।"

महेंद्र, "समझा। तो संतानगण केवल उपासक हैं।"

सत्या., "बिल्कुल ठीक। हम राज्य नहीं चाहते—चूंकि मुसलमान लोग ईश्वर–विद्वेषी हैं, इसलिए उनका विनाश चाहते हैं।"

5

बातें हो चुकीं तो सत्यानंद महेंद्र के साथ देवालय के भीतर उस स्थान में गए, जहां वह विशाल और सुंदर चतुर्भुज मूर्ति स्थापित थी। उस समय वहां की शोभा निराली थी। सोना–चांदी तथा रत्न जड़े प्रदीपों से मंदिर प्रकाशमान हो रहा था। फूलों की ढेर लगी थी। मंदिर में एक और आदमी बैठकर 'हरे मुरारे' का जप कर रहा था। सत्यानंद के वहां से जाते ही वह आदमी उठ खड़ा हुआ और सत्यानंद को प्रणाम किया। ब्रह्मचारी ने पूछा, "तुम दीक्षा लोगे?"

उसने कहा, "मुझ पर दया कीजिए।"

इस पर उन्होंने उससे और महेंद्र से पूछा, "तुम लोगों ने यथाविधि स्नान किया है? संयम रखा है? उपवास रखा है?"

उत्तर मिला, "जी।"

सत्या., "भगवान के सामने प्रतिज्ञा करो कि हम संतानधर्म के सभी नियमों का पालन करेंगे।"

उत्तर मिला, "करेंगे।"

सत्या., "जब तक मां का उद्धार न हो, तब तक गृहधर्म का परित्याग करेंगे।"

उत्तर मिला, "करेंगे।"

सत्या., "माता–पिता को छोड़ेंगे।"

उत्तर, "छोड़ेंगे।"

सत्या., "भाई–बहन।"

उत्तर, "छोड़ेंगे।"

सत्या., "स्त्री–पुत्र।"

उत्तर, "छोड़ेंगे।"

सत्या., "सगे–संबंधी? दास–दासी?"

उत्तर, "सब छोड़ेंगे।"

सत्या., "धन, संपत्ति, भोग?"

उत्तर, "सब।"

सत्या., "इंद्रिय–दमन करोगे? स्त्री के साथ एक आसन पर नहीं बैठोगे?"

उत्तर, "नहीं बैठेंगे। इंद्रिय–दमन करेंगे।"

सत्या., "ईश्वर के सामने प्रतिज्ञा करो, अपने या अपनों के लिए धन नहीं कमाएंगे और जो कमाएंगे, वह वैष्णव भंडार में जमा करेंगे।"

उत्तर, "देंगे।"

सत्या., "संतान धर्म के लिए हथियार उठाओगे, लड़ोगे।"

उत्तर, "लड़ेंगे।"

सत्या., "लड़ाई में कभी पीठ नहीं दिखाओगे?"

उत्तर, "नहीं।"

सत्या., "यदि प्रतिज्ञा टूटे?"

उत्तर, ''तो जलती चित्ता में कूदकर या विष खाकर प्राण दे देंगे।''

सत्या., ''एक बात और। जाति क्या है तुम्हारी। महेंद्र तो कायस्थ है, जानता हूं मैं। तुम?''

दूसरे ने कहा, ''मैं ब्राह्मण हूं।''

सत्या., ''ठीक है। तुम जाति छोड़ सकोगे? सभी संतान एक जाति के हैं। इस महाव्रत में ब्राह्मण–शूद्र का विचार नहीं। तुम्हारा क्या ख्याल है?''

दोनों, ''हम इसका विचार नहीं करेंगे। हम सब एक मां की संतान हैं।''

सत्या., ''अब तुम लोगों को दीक्षा दूंगा। जो प्रतिज्ञा अभी तुम लोगों ने की, उसे तोड़ना मत। मुरारी स्वयं इसके साक्षी हैं। जो रावण, कंस, हिरण्यकशिपु, जरासंध, शिशुपाल प्रभृति के विनाश के कारण हैं, जो सब कुछ जानते हैं, सबको जीत सकते हैं, जिनमें सभी शक्ति है तथा जो इन्द्रवज्र और बिल्ली के नाखून में समान रूप से वास करते हैं, वे प्रतिज्ञा तोड़ने वालों को विनष्ट करके अनंत नरक में डालेंगे।''

दोनों, ''तथास्तु।''

सत्या., ''गाओ–वंदेमातरम्।''

दोनों ने मातृवंदना गायी सत्यानंद ने उन दोनों को दीक्षित किया।

6

दीक्षा दे चुकने के बाद सत्यानंद महेंद्र को एक एकांत स्थान में ले गए, दोनों वहां बैठे। सत्यानंद ने कहा, ''बेटे तुमने जो यह महाव्रत अपनाया, लगता है, भगवान हमारे अनुकूल हैं। तुम्हारे द्वारा देशमाता का बहुत बड़ा काम होगा। मेरी बातों को ध्यान से सुनो। तुम्हें जीवानंद और भवानंद के साथ जंगलों में लड़ते नहीं फिरना है। तुम अपने गांव, पदचिह्न लौट जाओ। वहीं रहकर संन्यासधर्म का पालन करना।''

सुनकर महेंद्र चकित और उदास हुए। कुछ बोले नहीं। सत्यानंद बोले, ''अभी हमें आश्रय नहीं है; ऐसी कोई जगह नहीं कि कोई बड़ी सेना हम पर धावा करे तो हम भोजन–पानी जुटाकर दस दिन उसमें निश्चिंत रह सकें। हमारे पास किला नहीं, तुम्हारे पास महल है, गांव तुम्हारे कब्जे में है। मेरी इच्छा है, वहीं हम एक किला तैयार करें। ऊंची दीवारों से गांव को घेर दें। बीच में घाटी और बांध पर तोपें। मेरा ख्याल है, मजे का किला हो जाएगा, तुम वहीं जाकर रहो। धीरे–धीरे वहां दो हजार संतान पहुंच जाएंगे, उन्हीं से किला बनवाना। लोहे का एक घर बनवाना, जिसमें धन का भंडार

रहेगा। सोने से भरी संदूकें जो यहां पड़ी हैं, एक–एक करके मैं उन्हें वहां भिजवाऊंगा। उसी धन से तुम वहां यह सब काम कराते रहना। जगह–जगह से कुशल कारीगर बुलवाता हूं, जिनकी मदद से वहां तुम कारखाना बनवाकर तोप–बंदूक, गोला–बारूद तैयार करना।''

महेंद्र राजी हो गए।

7

सत्यानंद को प्रणाम करके महेंद्र वहां से विदा हुए। महेंद्र के साथ जिस दूसरे शिष्य ने दीक्षा ली थी, वह आया। आकर उसने सत्यानंद को प्रणाम किया।

आशीर्वाद देकर सत्यानंद ने उसे बैठने को कहा। इधर–उधर की कुछ बातों के बाद बोले, ''कृष्ण में तुम्हें गाढ़ी भक्ति है?''

शिष्य ने कहा, ''कैसे कहूं? मैं जिसे भक्ति समझता हूं, हो सकता है, वह पाखंड हो या कि अपने आप को ठगना हो।''

सत्यानंद ने संतुष्ट होकर कहा, ''ठीक ही सोचा है। ऐसा करो कि भक्ति दिन–दिन गहरी हो। मैं आशीर्वाद देता हूं, तुम्हारी चेष्टा सफल होगी। क्योंकि तुम्हारी उम्र अभी थोड़ी है। हां, मैंने यह नहीं पूछा कि तुम्हें किस नाम से पुकारूं।''

नए संतान ने कहा, ''आप जो चाहें। मैं वैष्णवों का दासानुदास हूं।''

सत्या., ''तुम्हारी उम्र नई है। नवीनानंद कहूं, तो कैसा? यही नाम रखो। पहले क्या नाम था तुम्हारा? कोई हिचक भी हो, तो

मुझसे कहो। मुझे कहने से वह दूसरे कान तक नहीं पहुंचेगा। संतानधर्म का नियम है कि जो नहीं कहना है, गुरु से उसे भी कहो। उससे कोई क्षति नहीं होगी।''

शिष्य, ''मेरा नाम शांतिराम है।''

सत्या., ''तुम्हारा नाम शांति देवी है।''

सत्यानंद ने उसकी काली लंबी दाढ़ी को हाथ लगाया। नकली दाढ़ी झटके से अलग हो गई।

सत्यानंद बोले, ''छिः बिटिया, मेरे साथ धोखा? और फिर मुझी को ठगना था तो इस उमर में डेढ़ हाथ लंबी दाढ़ी? दाढ़ी छोटी भी रखी होती तो यह आवाज कहां जाती, यह नजर? मैं अगर इतना ही नादान होता, तो इतने बड़े काम में हाथ न लगाता?''

मुंह जली शांति दोनों आंखें छिपाकर कुछ देर सिर झुकाए बैठी रही। उसके बाद आंखों पर से हाथ हटाकर कटाक्ष से बूढ़े को देखती हुई बोली, ''प्रभो आखिर गलती क्या की? नारी की भुजा में क्या बल ही नहीं होता?''

सत्या., ''होता है—गीस्पद में जैसे पाती।''

शांति., ''आप कभी संतानों के बाहुबल की परीक्षा लेते हैं?''

सत्या., ''लेता हूं।''

सत्यानंद इस्पात का एक धनुष और कुछ तार ले आए। बोले, ''इस धनुष पर लोहे का तार चढ़ाना होता है। प्रत्यंचा चढ़ाने में धनुष उठ जाता है और चढ़ाने वाले को झटक देता है। जो चढ़ा लेता है, वही वास्तव में बलवान होता है।''

शांति ने धनुष और तार को देखा पूछा, ''सभी संतान क्या इस कसौटी में खरे उतर चुके हैं?''

सत्या., ''नहीं। महज उनके बल की आजमाइश की है इससे।''

शांति, ''परीक्षा में उत्तीर्ण कोई नहीं हुआ।''

सत्या., ''केवल चार जने हुए हैं उत्तीर्ण।''

शांति, ''पूछ सकती हूं, कौन–कौन?''

सत्या., ''पूछने में मनाही नहीं है। एक तो मैं हुआ हूं।''

शांति, ''और?''

सत्या., ''जीवानंद, ज्ञानानंद, भवानंद।''

शांति ने धनुष को उठाया। तार लिया और आसानी से प्रत्यंचा चढ़ाकर उसे सत्यानंद के चरणों पर फेंक दिया।

सत्यानंद दंग रह गए। बोले, ''तुम देवी हो या मानवी?''

हाथ जोड़कर वह बोली, ''मैं एक मामूली स्त्री हूं, किंतु ब्रह्मचारिणी हूं।''

सत्या., ''कैसे! बाल–विधवा हो! ना, बाल–विधवा को भी इतना बल नहीं होता। वह एक जून भोजन करती है।''

शांति, ''मैं सधवा हूं।''

सत्या., ''तुम्हारे पति लापता हैं?''

शांति, ''जी पता है उनका। उन्हीं के उद्देश्य से आई हूं।''

मेघ–छूटी किरण की तरह सत्यानंद के मन में सहसा स्मृति कौंध गई, बोले याद आया, ''जीवानंद की स्त्री का नाम शांति है। तुम उनकी स्त्री हो?''

अब की नवीनानंद ने जटाओं से अपना मुंह छिपा लिया, मानो कमल पर हाथी की कोई सूंड पड़ी हो! सत्यानंद ने कहा, ''तुम यह पाप करने क्यों आई?''

एकाएक जटा को पीठ की ओर फेंक कर शांति ने मुंह उठाया, ''पाप कैसा प्रभु! पत्नी स्वामी का अनुसरण करे, यह पाप

है? संतानधर्म अगर इसे पाप कहता है तो वह अधर्म है। मैं उनकी सहधर्मिणी हूं। वे धर्म के काम में लगे हैं, मैं उनके साथ धर्म करने आई हूं।''

शांति की ओजस्वी वाणी सुनकर, उसका ऊंचा गला, फूली हुई छाती, कांपते होंठ और चमकते किंतु आंसू–भरे नेत्र देखकर सत्यानंद प्रसन्न हुए। बोले, ''तुम साध्वी हो। लेकिन बिटिया, पत्नी गृह–धर्म में ही सहधर्मिणी होती है, वीर–धर्म में यह क्या है?''

शांति–''कौन–से अपत्नीक महावीर वीर हुए हैं, कहिए? राम क्या सीता के बिना वीर होते? अर्जुन के कितने विवाह हुए थे, गिन देखिए, भीम को जितना बल था, उतनी ही पत्नी थीं। कहूं कितनी? लेकिन आपको बताना ही क्यों पड़ेगा?''

सत्या., ''ठीक है? मगर कौन वीर युद्ध में पत्नी को ले जाता है?''

शांति, ''अर्जुन ने जब अंतरिक्ष में यादवी सेना से लड़ाई की थी, तो उनका रथ किसने चलाया था? द्रौपदी साथ न होती तो पांडव कुरु–क्षेत्र में जूझते?''

सत्या., ''सो हो। लेकिन साधारण आदमी का मन स्त्री पर आसक्त और काम से दूर हटता है। इसीलिए संतानों को यह व्रत ही लेना पड़ता है कि वह स्त्री के साथ एक आसन पर नहीं बैठेगा। जीवानंद मेरा दायां हाथ है, तुम उस हाथ को तोड़ने आई हो?''

शांति, ''मैं आपके दाएं हाथ का बल बढ़ाने आई हूं। मैं ब्रह्मचारिणी हूं, यहां ब्रह्मचारिणी ही रहूंगी। मैं यहां धर्म का काम करने के लिए आई हूं, स्वामी से मिलने के लिए नहीं। मैं विरह से कातर नहीं हूं। पति ने जो धर्म अपनाया है, उसमें सहयोगिनी क्यों न बनूं?''

सत्या., ''ठीक है। कुछ दिन तुम्हारी परीक्षा करके देखूं।''

शांति, ''मैं आनंदमठ में रह पाऊंगी तो?''

सत्या., ''आज आखिर जाओगी कहां?''

शांति, ''लेकिन आज के बाद?''

सत्या., ''भवानी की तरह तुम्हारे भी ललाट में आग है—संतान संप्रदाय को नाहक जलाओगी।''—कहकर सत्यानंद ने शांति को आशीर्वाद दिया और विदा किया।

शांति ने मन ही मन कहा, ''बुड्ढे मेरे ललाट में आग! कपालजली मैं हूं कि तेरी मां!''

असल में सत्यानंद का वह मतलब नहीं था—उन्होंने आंखों की बिजली की ही बात कही थी। लेकिन बुढ़ापे में छोटे को ऐसा कहना चाहिए भला!

8

उस रात के लिए शांति को मठ में रहने की अनुमति मिली थी। सो वह कमरा ढूंढ़ने लगी। बहुत–से कमरे खाली पड़े थे। एक परिचर था गोवर्धन—वह भी एक मामूली संतान ही था। वह चिराग लेकर उसे कमरे दिखाने लगा। शांति को कोई कमरा पसंद नहीं आया। हताश होकर वह उसे फिर सत्यानंद के पास ले चलने लगा।

शांति ने कहा, ''भई, इधर कुछ कमरे रह गए, वह कहां दिखाया?''

गोवर्धन ने कहा, ''वे कमरे तो बहुत अच्छे हैं, पर उनमें लोग हैं।''

शांति, ''कौन हैं उनमें?''

गोव., ''बड़े–बड़े सेनापति हैं।''

शांति, ''बड़े–बड़े सेनापति कौन?''

गोव., ''भवानंद, जीवानंद, धीरानंद, ज्ञानानंद। आनंदमठ आनंदमय है।''

शांति, ''चलो न, जरा कमरा देख लूं।''

गोवर्धन पहले उसे धीरानंद के कमरे में ले गया। धीरानंद महाभारत का द्रोणपर्व पढ़ रहे थे। वे उस स्थल पर डूबे हुए थे, जहां अभिमन्यु सप्तरथी से युद्ध कर रहा था। वे कुछ बोले नहीं। शांति भी चुप–चाप चली गई।

उसके बाद वह भवानंद के कमरे में गई। वह उस समय आंखें ऊपर किए किसी मुखड़े की चिंता में लीन थे। वह नहीं कह सकता किसका मुखड़ा था, लेकिन बड़ा ही सुंदर, कान तक फैली भवों पर लोटती हुई सुगंधित काली केशराशि। बीच में तिकोना कपाल मौत की काली कराल छाया से घिरा। मानो मृत्यु और मृत्यंजय का वहां द्वंद्व चल रहा हो। मुंदी आंखें, स्थिर भवें। ओठ नीले पड़े, गाल पीले, नाक ठंड़ी, छाती फूली हुई। हवा कपड़ों को उलझा रही थी। उसके बाद बादलों से ढंका चंद्रमा धीरे–धीरे जैसे अपनी सुंदरता, बिखेरता है, सुबह का सूरज लहरों की बनावट के बादलों को सोने–सा चमकाता हुआ खुद चमकता है, दिशाओं को आलोकित करता है, जल–थल कीट–पतंगों को प्रमुदित करता है, वैसे ही उस शव में जीवन की शोभा का संचार हो रहा था। कैसी शोभा! भवानंद यही सोच रहे थे। वे भी न बोले। कल्याणी के रूप से उनका हृदय कातर हो रहा था, शांति की सुंदरता पर ख्याल नहीं दिया।

शांति दूसरे कमरे में गई। पूछा, "यह कमरा किसका है।"

गोवर्द्धन ने कहा, "जीवानंद स्वामी का।"

शांति, "ये फिर कौन हैं। कोई दिखाई तो देता नहीं यहां?"

गोव., "कहीं गए हैं, आवेंगे।"

शांति, "यह कमरा सबसे अच्छा है।"

गोव., "हो, मगर यह तो नहीं मिलेगा न।"

शांति, "क्यों?"

गोव., ''यहां स्वामी जीवानंद रहते हैं।''

शांति, ''वह कोई दूसरा कमरा ले लेंगे।''

गोव., ''सो नहीं होगा। इस कमरे में जो रहते हैं, वह यहां के कर्त्ता–धर्त्ता जैसे ही हैं। जो करते हैं, वही होता है।''

शांति, ''खैर, तुम जाओ। जगह नहीं मिलेगी तो मैं पेड़ तले रह लूंगा।''

गोवर्धन को वहां से विदा करके शांति कमरे के अंदर गई।

जीवानंद के आसन को फैलाया और दीये को उकसा कर उसकी एक पोथी उठाकर पढ़ने लगी।

कुछ देर में जीवानंद आए। यों शांति मर्द के बाने में थी, लेकिन देखते ही वे उसे पहचान गए। कहा, ''अरे, शांति?''

शांति, ''कौन है महाशय?''

जीवानंद तो अवाक्! बोले, ''क्यों तुम शांति नहीं हो?''

शांति ने कहा, ''मैं नवीनानंद गोस्वामी हूं।'' इतना कहकर वह फिर पढ़ने लगी।

जीवानंद ठठाकर हंसे। बोले, ''यह अच्छा तमाशा रहा। खैर। नवीनानंद, यहां किस इरादे से?''

शांति ने कहा, ''भले लोगों का तरीका है कि परिचय के आरंभ में आप, महाशय आदि संबोधन किया जाता है। मैं आपसे असम्मान के साथ बात नहीं कर रहा हूं, आप मुझे तुम क्यों कह रहे हैं?''

''जैसी आज्ञा'' कहकर जीवानंद ने गले में कपड़ा डाला और हाथ जोड़कर बोले, ''नम्रतापूर्वक इस दास का निवेदन है, आखिर भैरुईपुर से इस गरीब के यहां कैसे आना हुआ, हुक्म फरमाएं।''

शांति ने गंभीर होकर कहा, ''व्यंग की भी जरूरत नहीं। मैं भैरुईपुर नहीं जानता। मैंने आज यहां दीक्षा ली है।''

जीवा., ''ऐं सच?''

शांति, ''और नहीं तो क्या! आपने भी तो ली है दीक्षा।''

जीवा., ''तुम स्त्री जो ठहरी।''

शांति, ''स्त्री? यह कैसे जाना आपने?''

जीवा., ''मेरा विश्वास था, मेरी स्त्री नारी है।''

शांति, ''स्त्री? आपके है क्या?''

जीवा., ''थी तो।''

शांति, ''तो आपका यह ख्याल है कि मैं आपकी स्त्री हूं।''

जीवानंद ने फिर उसी तरह गले में कपड़ा डालकर हाथ जोड़कर कहा, ''जी हां महाशय।''

शांति ने कहा, ''यदि ऐसी हास्यास्पद बात आपके जी में आई हो, तो आपको क्या करना चाहिए, कहिए तो?''

जीवानंद ने कहा, ''करना यह चाहिए कि जबरदस्ती आपका यह बाना उतारकर होंठों का अमृत पिएं।''

शांति बोली, ''यह आपकी शरारती सूझ या फिर गांजे पर भक्ति होने का सबूत है, आपने दीक्षा लेते वक्त यह शपथ ली है कि एक आसन पर स्त्री के साथ नहीं बैठेंगे। यदि आपको मेरे स्त्री होने का भ्रम हुआ हो, रस्सी से सांप का भ्रम बहुतों को होता है, तो आपके लिए उचित है कि अलग बैठें। मुझसे बात करना भी आपके लिए अनुचित है।''

और शांति ने फिर से किताब में मन लगाया। द्वार–पार कर जीवानंद ने अलग बिस्तर लगाया और सोए।

तीसरा खण्ड

1

ईश्वर की कृपा से कल ७६ बंगाब्द खत्म हुआ। बंगाल के छः जाना किस्म आदमी को, कितने करोड़ मालूम नहीं, यमलोक भेजकर आखिर यह बुरा साल खुद काल के गाल में गया। ७७ साल में ईश्वर प्रसन्न हुए। वर्षा अच्छी हुई। फसल उगी। जो जिंदा थे, उन्हें भरपेट खाने को मिला। बहुतेरे या तो भूखे थे या नाम को ही उन्हें खाना नसीब हुआ था—उन्हें भरपेट भोजन बर्दाश्त नहीं हुआ। बहुतेरों की उसी से मौत हुई। धरती नाजों से भरी पूरी हुई, लेकिन जनशून्य। गांवों में खाली पड़े घर पशुओं के आश्रय और भूतों के डेरे बने। गांवों में सैकड़ों भूमि—खंडों की जोताई—बोआई नहीं हुई। वे ऊसर—से पड़े रहे या जंगल में बदल गए। देश जंगल से भर गया। जहां खिले—फूले नाज रहते थे, जहां अनगिनती मवेशी चरते थे, जो उद्यान युवक—युवतियों की प्रमोद—भूमि थे, वे धीरे—धीरे घने जंगल में परिवर्तित होने लगे। एक, दो, तीन साल गुजरा। जंगल बढ़ता गया। जो जगह लोगों के आनंद की थी, वहां—नर मांस के लोभी बाघ—हरिनों के पीछे टूटने लगे। जहां महावर रंगे चरणों के गहने बजाती हुई सुंदरियां, वयस्कों से हंसी—मजाक करती हुई जाया

करती थीं, वहां भालुओं ने मांद बनाकर बच्चों को पालना—पोसना शुरू किया। जहां बच्चे खिले फूल—से फूलकर सांझ को जी जुड़ा देने वाली हंसी हंसते थे, वहां आज दल के दल जंगली हाथी मत्त होकर पेड़ों की डालों का सत्यानाश करने लगे। जहां दुर्गा पूजा होती थी, वहां स्यार के मांद; दोलमंच उल्लुओं के अड्डे हो गए; नाट मंदिर में दिन दहाड़े विषैले सांप मेढ़कों का शिकार करते। बंगाल में अन्न उपजता, खाने वाले न थे; खरीदार न थे। किसान खेती करते, दाम नहीं मिलता—जमींदारी की लगान नहीं दे पाते; जमींदार राजा को कर नहीं दे पाते। राजा जमींदारी छीनने लगा, जमींदार बेचारे राह के भिखारी बनने लगे। धरती उर्वरा बनी, मगर धन नहीं, किसी के घर में धन नहीं। जो जिसको पाता, छीन लेता। चोर—डाकुओं ने सिर उठाया, साधु घरों में जा छिपे।

और इधर संतानगण रोज फूल—चंदन से भगवान विष्णु की पूजा करते, जिसके पास बंदूक—पिस्तौल देखते, छीन लेते। भवानंद ने कह रखा था, 'भाइयो, यदि एक ओर हीरा—मोती, जवाहारात भरे पड़े हों और दूसरी ओर टूटी बंदूक धरी हो, तो हीरा—जवाहरात छोड़कर भी बंदूक उठा लाओ।'

गांवों में उन्होंने अपने चर भेजना शुरू किया। वे गांवों में जाते। हिंदुओं से कहते, विष्णु पूजा करोगे? और कुछ लोगों को इकट्ठा करके मुसलमानों के घरों में आग लगा देते। वे बचारे जान बचाने की फिक्र में लग जाते, इधर संतानगण उनका सब कुछ लूटकर नए विष्णु भक्तों को बांट देते। लोग लूट का हिस्सा पाकर खुशी होते, तो उन्हें मंदिर में ले जाते। भगवान का चरण छुआकर उन्हें संतान बनाते। लोगों ने देखा, संतान बनने में बड़ा लाभ है। खासकर मुसलमानों से तो लोग जी से बिगड़े हुए थे। क्योंकि अराजकता थी, शासन ठीक नहीं था। हिंदू धर्म का लोप हो रहा था, इसलिए अनेक हिंदू धर्म की प्रतिष्ठा के लिए इच्छुक थे। लिहाजा दिन—दिन

संतानों की संख्या बढ़ने लगी। हजारों हजार लोग आने लगे। जीवानंद–भवानंद को प्रणाम करके संगठित होकर मुसलमानों के पीछे पड़ने लगे। जहां भी राजकर्मचारी मिलते, उन्हें पीटते, मार तक डालते, सरकारी खजाना लूट लाते, मुसलमानों के गांव फूंक देते। नतीजा यह हुआ कि संतानों को दबाने के लिए फौजें भेजी जाने लगीं। लेकिन अब वे संगठित थे, शक्तिशाली थे, उनके पास हथियार थे। उनके आगे मुसलमानी सेना टिक नहीं पाती। कभी सेना आगे बढ़ती तो ये लोग उसे तितर–बितर कर देते। कभी संतानों का कोई दल हार जाता तो देखते ही देखते जाने कहां से दूसरा दल आ पहुंचता और उन्हें भून डालता। भून–भानकर 'हरिध्वनि' करता हुआ चल देता। इस समय यशस्वी, भारत में अंग्रेजों के प्रातःकालीन सूर्य वारेन हेस्टिंग्स गवर्नर जनरल थे। कलकत्ते में बैठकर उन्होंने लोहे की जंजीर बनाई और सोचा, इसी से मैं सारे भारतवर्ष को बांधूंगा। सिंहासन पर बैठकर एक दिन जगदीश्वर ने बेशक तथास्तु कहा था। लेकिन वह दिन अभी दूर था। आज तो संतानों की इस हरिध्वनि से वारेन हेस्टिंग्स भी कांप गए थे।

हेस्टिंग्स ने पहले तो फौजदारी सैनिकों से ही इस विद्रोह को दबाने की चेष्टा की थी। किंतु उन सिपाहियों का यह हाल हो गया था कि कोई बुढ़िया भी 'हरि–हरि' कह उठती तो वे भाग जाते। लाचार कप्तान टामस के मातहत उन्हें बागियों को दबाने के लिए कंपनी की फौज की एक टुकड़ी भेजनी पड़ी।

कप्तान टामस ने विद्रोह रोकने का अच्छा उपाय करना शुरू किया। राजा और जमींदार से फौज मांगी और उनमें अच्छे हथियारों से लैस कंपनी के कुशल सैनिकों को मिलाया। इस तरह से फौज खड़ी की और उसे हिस्सों में बांटा। एक–एक हिस्से पर एक–एक इलाके का भार दिया कि तुम यहां से वहां तक मछुआरे–सा जाल बिछाकर छानते चलो। जहां भी विद्रोह नजर आए, उन्हें चींटियों–सा

मसल डालो। कंपनी के सैनिक कोई गांजा और कोई रम चढ़ाकर संगीन सीधी किए संतानों की जान के लिए लपके। लेकिन संतान अब अनगिनती थे, अजेय थे। कप्तान टामस के सैनिक किसानों की हंसिया से अनाज की तरह कतरे जाने लगे। 'हरि ध्वनि' से कप्तान टामस के कान बहरे हो गए।

2

उस समय कंपनी की बहुत–सी रेशम की कोठियां थीं। वैसी एक कोठी शिवग्राम में थी। उस कोठी के अध्यक्ष थे डानीवर्थ साहब। कोठियों के बचाव का अच्छा प्रबंध था। इसीलिए किसी तरह से डानीवर्थ साहब अपनी जान बचा पाए थे। लेकिन अपने बाल–बच्चों को उन्हें कलकत्ता भेज देना पड़ा था और खुद भी वे संतानों से बहुत सताए गए थे। वहीं फौज की कुछ टुकड़ियां लेकर टामस साहब तशरीफ ले गए थे। हुआ यह था कि संतानों की देखा–देखी हाड़ी–डोम भी लूटपाट करने लगे थे। उन सबों ने कप्तान की रसद पर धावा किया। फौज के लिए गाड़ियों पर जरूरत से ज्यादा घी–आटा, चावल, मुर्गे ले जाए जा रहे थे। देखकर हाड़ी–डोमों का वह दल लोभ न सम्हाल सका। वे टूट पड़े, लेकिन सैनिकों की बंदूकों के कुंदे खाकर भाग गए। टामस ने तुरंत कलकत्ता रिपोर्ट भेजी, आज महज १५७ सिपाहियों को लेकर १४७०० विद्रोहियों को शिकस्त दी। ७ आदमी को कैद किया। इस समाचार में अंतिम बात ही सत्य थी। कप्तान टामस ने समझा, मैंने दूसरी ब्लेनहिम की लड़ाई जीत ली। सो वे मूंछों पर ताव देकर बेफिक्र घूमने लगे। डीनावर्थ

साहब को राय देने लगे, अजी, अब क्या, विद्रोह दबा दिया गया, तुम अपने बाल–बच्चों को कलकत्ते से वापस बुला लो। डानीवर्थ ने कहा, ''ठीक ही है। आप दस दिन यहां रहें। इलाका जरा ठंडा हो जाए सबको लिवा लाऊंगा।'' डानीवर्थ के यहां मटन–मुर्गी की कमी न थी। पनीर भी अच्छा था। जंगली चिड़ियां खाने की मेज की शोभा बढ़ातीं। दाढ़ी वाला बावर्ची दूसरी द्रौपदी ही था, लिहाजा खुशी–खुशी टामस साहब वहां रहने लगे।

और इधर भवानंद को चैन न थी। सोच रहे थे, कब कप्तान टामस की गर्दन उतार कर दूसरा शबरारि कहाए। संतानों को यह पता न था कि अंग्रेज भारतवर्ष का उद्धार करने आए हैं। पता भी कैसे होता? समसामयिक अंग्रेज भी उस समय यह नहीं जानते थे। उस समय यह बात सिर्फ विधाता के मन में थी। भवानंद सोच रहे थे, इस असुर वंश को एक ही दिन में समाप्त कर देंगे, जरा ये जुट तो जाएं, कुछ बेखबर हों। तब तक हम लोग जरा दूर ही रहें। वे दूर–दूर ही रहे। टामस साहब निष्कंटक–से हो रहे।

साहब को शिकार का बड़ा शौक था। कभी–कभी गांव के आसपास ही शिकार में निकल जाते थे। एक दिन डानीवर्थ साहब के साथ कुछ शिकारियों को लेकर कप्तान घोड़े पर निकले। बात यह थी, टामस थे बड़े दुस्साहसिक। बलवीर्य में अंग्रेजों में भी बेजोड़। उस घने जंगल में बाघ, भालू, भैंसे काफी थे। बड़ा भयानक जंगल। काफी दूर निकल जाने के बाद शिकारियों ने आगे बढ़ने से इनकार कर दिया। बोले, ''अंदर राह नहीं है। अब आगे नहीं जा सकेंगे।''

डानीवर्थ साहब इस जंगल में एक बार ऐसे खूंखार बाघ के पाले पड़ चुके थे कि उन्होंने भी आगे जाने में अनिच्छा जताई। वे लौटना चाहने लगे। कप्तान टामस ने कहा, ''तुम लोग लौट जाओ, मैं नहीं लौटने का। टामस साहब घने जंगल के भीतर बढ़ गए।''

सच ही, अंदर राह नहीं था। घोड़ा अंदर जा नहीं सका। साहब ने घोड़े को छोड़ दिया। कंधे पर बूंदक उठाई और यों ही चल पड़े। इधर–उधर बाघ की तलाश की। बाघ तो न मिला। क्या मिला? देखा कि फूले–फलों से भरी लताओं से जड़ी वह कौन बैठी है पेड़ के नीचे। एक नया संन्यासी। उसके रूप से वन उजाला हो उठा है। उस स्वर्णिम शरीर के संसर्ग से खिले फूलों में मानो और भी खुशबू भर गई हो। कप्तान टामस चकित हुए। उसके बाद उन्हें क्रोध हुआ। वे देशी भाषा जानते थे। पूछा, "टुम कौन है?"

संन्यासी ने कहा, "मैं संन्यासी हूं।"

कप्तान ने कहा, "टुम रिबेल है?"

संन्यासी, "सो क्या?"

कप्तान, "हाम टुमको गोली मारेगाा।"

संन्यासी, "मारो।"

कप्तान मन में आगा–पीछा करने लगे कि गोली मारें या नहीं। इतने में वह नया संन्यासी बिजली की तरह उन पर टूट पड़ा और उनके हाथ से बंदूक छीन ली। संन्यासी ने छाती पर के चमड़े के आवरण को उतार फेंका। एक झटके में जटाओं को हटा दिया। टामस साहब ने देखा, सामने एक परम सुंदर स्त्री खड़ी है। उस स्त्री ने हंसते–हंसते कहा, "साहब मैं स्त्री हूं। किसी पर वार नहीं करती मैं। तुमसे एक बात पूछना चाहती हूं। यह तो कहो, मार–पीट हिंदू–मुसलमानों में चल रही है। तुम लोग बीच में कैसे टपक पड़े? लौट जाओ।"

साहब, "टुम कौन हो?"

संन्यासी, "देख ही तो रहे हो, संन्यासी हूं। तुम जिन लोगों से लोहा लेने आए हो, मैं उन्हीं में से किसी की स्त्री हूं।"

साहब, ''टुम हमारा घर में रहेगा।''

संन्यासी, ''क्या? उपपत्नी होकर?''

साहब, ''बीवी की तरह रहेगा, मगर शादी नहीं होगा।''

संन्यासी, ''मुझे भी एक बात पूछनी है साहब। हमारे घर एक बंदर था। फिलहाल वह मर गया है। उसका पिंजड़ा खाली पड़ा है। कमर में जंजीर डालूंगी, तुम उसमें रहोगे? हमारे बगीचे में केला बहुत होता है?''

साहब, ''टुम बड़ा स्पिरिटेड औरत हाय। हाम टुमारा करेज से बोत खुश हुआ। टुम मेरा घर में चलो। टोमारा पटी जुड्ढ में मर जायगा। तब टुमारा क्या होगा?''

संन्यासी, ''तो हमारे–तुमारे बीच एक बात पक्की हो। युद्ध तो दो–चार दिन में ही होगा। अगर तुम जीतोगे और मैं जिंदा रही तो मैं तुम्हारी उपपत्नी बनूंगी और अगर हम जीते तो तुम उस पिंजड़े में बंद होकर केला खाओगे।''

संन्यासी, ''लो, अपनी बंदूक लो। ऐसे जंगली से भी कोई बात करता है?''

वह बंदूक फेंककर हंसते–हंसते चली गई।

3

साहब को छोड़कर हिरनी–सी तेज चलकर शांति वन में जाने कहां खो गई। जरा देर में साहब ने नारी–कंठ में गीत सुना–

इस यौवन जलतरंग को कौन रोके?

हरे मुरारे। हरे मुरारे।

कहां से तो बाजे में वही बजा और फिर गीत के साथ पुरुष–कंठ भी मिल गया–

इस यौवन–जलतरंग को कौन रोके?

हरे मुरारे। हरे मुरारे।

तीन स्वर में इस गीत ने जंगल को गुंजा दिया। संन्यासी गाती हुई चली–

इस यौवन जलतरंग को कौन रोके?

हरे मुरारे। हरे मुरारे।

पानी में तूफान जगा है।

मेरी नई नाव जाती है सुख से।

माझी ने पतवार सम्हाली रे।

हरे मुरारे। हरे मुरारे।

तोड़ रेत का बांध, पुरूं मन की साध

ज्वार जगा है नदी धार में कौन रोके?

जहां जंगल खूब घना था, बाहर से पता चलना मुश्किल कि वहां क्या है, शांति उसी गहराई में गई। वहां घनी झुरमुटों में एक कुटिया थी। डालों पर पत्तों की छावनी लकड़ी के फर्श पर मिट्टी। उसी कुटिया का लता–द्वार खोलकर शांति अंदर गई। जीवानंद वहां बैठे सारंग बजा रहे थे। उन्होंने शांति से पूछा, ''इतने दिनों में नदी–धार में ज्वार जगा है क्या?''

शांति ने हंसकर कहा, ''और क्या डाबर–नाले में ज्वार आएगा?'''

जीवानंद ने कहा, ''एक दिन मुझसे व्रत भंग हुआ। उसके नाते मेरा प्राण तो उत्सर्ग हो ही चुका है। पाप का प्रायश्चित्त करना ही होगा। अब तक कर लिया होता, सिर्फ तुम्हारे अनुरोध से नहीं किया। लेकिन एक बड़ी–सी लड़ाई होने ही वाली है। उसमें मुझे अपना प्रायश्चित्त करना होगा। यह जान देनी ही पड़ेगी। मेरे मरने के दिन–''

शांति ने आगे नहीं कहने दिया–''मैं तुम्हारी धर्मपत्नी हूं सहधर्मिणी हूं, तुम्हारे धर्म में सहायिका हूं। तुमने महत् धर्म को अपनाया हैं। उसी में तुम्हारी सहायता के लिए मैं घर छोड़कर आई हूं। दोनों साथ–साथ उस महान् कार्य को करेंगे, इसलिए वन में रह रही हूं। तुम्हारी बाधा नहीं बनूंगी। विवाह इहकाल के लिए भी है, परकाल के लिए भी। जो इहकाल के लिए है, हमारा वह विवाह नहीं हुआ। हमारा विवाह परकाल के लिए है। परकाल में दुगना फल फलेगा। मगर प्रायश्चित्त की बात क्यों? तुमने कौन–सा पाप किया

है? तुम्हारी प्रतिज्ञा है, स्त्री के साथ एक आसन पर नहीं बैठोगे। कहां, कभी तो नहीं बैठे। फिर प्रायश्चित्त क्यों? स्वामी, तुम मेरे गुरु हो, मैं तुम्हें धर्म का क्या सिखाऊं? तुम वीर हो, तुम्हें मैं वीरव्रत क्या सिखाऊं!''

जीवानंद ने गद्गद होकर कहा, ''सिखाया तो।''

शांति ने खुशी मन से कहा, ''और इहकाल के लिए ही क्या हमारा विवाह विफल हुआ है? तुम मुझे प्यार करते हो, मैं तुम्हें। इससे ज्यादा और क्या चाहिए? कहो, वंदे मातरम्।'' दोनों ने मिलकर यह नारा बुलंद किया।

4

भवानंद गोस्वामी एक बार शहर गए। खुले राजपथ को छोड़ एक गली में दाखिल हुए। गली के दोनों ओर ऊंचे–ऊंचे मकान, जहां दोपहर को ही कभी सूरज झांक भर लेता, फिर अंधेरा–ही–अंधेरा। वे एक दुमंजिले मकान में गए। वहां पहुंचे, निचली मंजिल में जहां एक स्त्री रसोई बना रही थी। स्त्री अधेड़ थी। मोटी–मोटी, काली, कपाल पर गोदना; मांग के पास बालों का जूड़ा सोह रहा था। चूल्हे पर चढ़ी हांडी पर कलछुल की झनक। उसके बाल फुट–फुट उड़ रहे थे और आप ही आप वह बक–बक कर रही थी। मुख–भंगी से सिर के जूड़े में अजीब भंगिमाएं हो रही थीं। भवानंद स्वामी ने अंदर जाकर कहा, ''प्रणाम गौरी दीदी।''

भवानंद को देखकर गौरी दीदी जल्दी–जल्दी कपड़े सम्हालने लगी। कपाल के ऊपर जूड़ा खोल देने को जी हो रहा था, लेकिन न बना। रसोई का हाथ था। पूजा के समय उस पर उन्होंने अगस्ती का एक फूल खोंस लिया था। सो अंचरा से उसे ढंकना चाहा, लेकिन न ढंका। महज पांच हाथ की धोती तो पहनी थी। उनके झूलते हुए मोटे पेट को ढांकने में ही वह लगभग समाप्त हो

आई थी। उसी से छाती का आबरू भी बचाना पड़ा था। लिहाजा गले तक पहुंचते–पहुंचते आंचल ने जवाब दे दिया था। कान तक उठते–उठते तो मानो कह उठा, अब नहीं। लाचार क्रीड़ामयी गौरी दीदी अंचरा को कान के पास ही थामे रहीं। मन–ही–मन आइंदे आठ हाथ की धोती खरीदने की प्रतिज्ञा की। बोली, ''गुसाईं। आओ। यह मुझको प्रणाम क्यों भैया?''

भवा., ''क्यों, तुम तो दादी की दाखिल हो।''

गौरी, ''यह तो इसलिए कि आदर से कहते हो। तुम लोग गुसाईं हो। देवता ठहरे। खैर, किया तो किया। जियो। और प्रणाम किया भी तो दोष नहीं। आखिर मैं बड़ी हूं।''

गौरी देवी उम्र में भवानंद से पच्चीस साल बड़ी थीं। लेकिन चतुर भवानंद ने कहा, ''सो क्या गौरी दी! यह तो इसलिए कहता हूं कि तुम रसिक हो, वरना जब लेखा लगाया गया था, तो तुम मुझसे छः साल छोटी निकली थी, याद नहीं है? हम वैष्णवों में बहुत कुछ है। मेरी आंतरिक इच्छा है कि मठ के ब्रह्मचारी की अनुमति लेकर तुमसे ब्याह कर लूं। यही कहने आया हूं।''

गौरी ने कहा, ''छिः। ऐसा भी कहते हैं। मैं विधवा हूं।''

भवानंद बोले, ''तो दोबारा तो ब्याह नहीं होगा?''

गौरी बोली, ''भई, तो समझा करो। आखिर ठहरे पंडित। मैं स्त्री, क्या जानूं। तो, कब करोगे?''

बड़ी मुश्किल से हंसी रोककर भवानंद ने कहा, ''बस, मठ के ब्रह्मचारी जी से भेंट होने भर की देर है। और, वह कैसी है?''

गौरी उदास हुई। मन में संदेह हुआ कि ब्याह की बात मजाक है। बोली, ''और कैसी, जैसी रहती है।''

भवानंद ने कहा, ''तुम एक बार देख आओ और उससे कहो कि मैं आया हूं, मिलना चाहता हूं।''

गौरी ने कलछुल फेंका। हाथा धोया और सीढ़ी से धपाधप ऊपर चढ़ने लगी एक कमरे में फटी चटाई पर एक परम सुंदरी स्त्री बैठी थी, लेकिन उसकी सुंदरता पर एक छाया–सी पड़ी थी। कूलों को डुबाने वाली उमंग से कल–कल करती हुई नदी पर पड़ी घने काले मेघ की छाया जैसी जाने किसकी छाया। नदी में तरंगों की मचलन, किनारे फूले पेड़ हवा में हिलते हुए, फूलों के भार से नवते हुए, महल सब भी शोभायमान। नावों की चाल से पानी में हलकोरे। समय भी दोपहर का, किंतु उस घनी छाया का सारा कुछ कालिमामय, यह भी वैसा ही। पहले जैसे ही चारु, चिकने, चंचल केश; पहले से ही प्रशांत–प्रशस्त ललाट के नीचे कुशल तूलिका से आंके हुए भ्रूधनु, पहले सी–ही सजल–उज्ज्वल बड़ी काली आंखें, उतना कटाक्ष नहीं, उतनी लोलुता नहीं, कुछ नहीं। होंठों पर वैसे ही राग–रंग, हृदय वैसा ही श्वासुयामी, भरा–पूरा; वनलता दुष्प्राप्य कोमलतामयी वैसी ही भुजाएं। लेकिन आज वह दमक न थी, चमक न थी, वैसा अखरता और चंचलता न थी, वैसा रस नहीं था। यों कहें, शायद वह जवानी नहीं। सिर्फ सुंदरता और मधुरता ही थी। एक नई बात आ गई है—धीरता और गंभीरता। पहले देखने से वह नरलोक में अतुलनीय सुंदरी लगती थी, अब लग रही थी जैसे स्वर्ग की अभिशप्त देवी हो। आस–पास तीन–चार पोथियां पड़ी थीं। देवालय में टंगी थी हरिनाम की माला; बीच–बीच में जगन्नाथ, बलराम, सुभद्रा का पट; कालियदमन, नर–नारी–कुंजर, चीरहरण, गोवर्धनधारण आदि ब्रजलीला के चित्र। चित्रों के नीचे लिखा था, चित्र या विचित्र। भवानंद उसी कमरे में आए।

भवानंद ने पूछा, ''कल्याणी, कुशल तो है?''

कल्याणी, ''आप क्या कुशल पूछना नहीं छोडेंगे? मेरे कुशल से आपका क्या और मेरा भी क्या?''

भवा., ''जो पेड़ रोपता है, वह रोज पानी देता है। पेड़ का बढ़ना ही उसका सुख है। मैंने तुम्हारे मरे हुए शरीर में जीवन को रोपा था—वह बढ़ रहा है या नहीं, यह क्यों न पूछूं?''

कल्याणी, ''विषवृक्ष भी भला सूखता है?''

भवा., ''जीवन क्या विष है?''

कल्याणी, ''न होता तो अमृत डालकर मैंने उसका खातमा क्यों करना चाहा था?''

भवा., ''बहुत दिनों से पूछने की इच्छा थी, साहस करके पूछ नहीं पाया। तुम्हारे जीवन को किसने विषमय किया?''

कल्याणी ने स्थिरता से जवाब दिया, ''मेरे जीवन का विषमय किसी ने नहीं बनाया। जीवन ही विषमय है। मेरा, आपका, सबका जीवन विषमय है।''

भवा., ''सच मेरा जीवन विषमय है कल्याणी? जब से, तुम्हारा व्याकरण खत्म हुआ?''

कल्याणी, ''नहीं।''

भवा., ''अभिधान।''

कल्याणी, ''अच्छा नहीं लगता।''

भवा., ''विद्या की तरफ रुझान देखी थी। अब ऐसी वितृष्णा क्यों?''

कल्याणी, ''आप जैसे पंडित भी जब महापापी हों, तो लिखना—पढ़ना बेकार है। मेरे पति का क्या समाचार है प्रभु?''

भवा., ''उनका समाचार बार—बार क्यों पूछती हो? तुम्हारे लिए तो वे मर चुके।''

कल्याणी, ''उनके लिए मैं मर चुकी हूं, मेरे लिए वे नहीं।''

भवा., ''वे तुम्हारे लिए मर चुके, ऐसा होने के लिए ही तो तुम मरी। फिर बार–बार यह चर्चा क्यों?''

कल्याणी, ''मरने से भी कहीं नाता टूटता है? कैसे हैं वे?''

भवा., ''अच्छे हैं।''

कल्याणी, ''कहां है? पदचि में?''

भवा., ''हां। वहीं हैं।''

कल्याणी, ''क्या कर रहे हैं?''

भवा., ''जो कर रहे थे। किला बना रहे हैं, हथियार बना रहे हैं। उन्हीं के बनाए हथियारों से आज हजारों–हजार संतान लैस हैं। उनकी कृपा से अब हमें तोप–कमान, बंदूक–बारूद की कमी नहीं रही, संतानों में वही श्रेष्ठ हैं। हमारा महान् उपकार कर रहे हैं। हमारे दाहिने हाथ हैं वे।''

कल्याणी, ''मैंने जान न दी होती तो यह सब कुछ होता? जिसके कलेजे में कीच भरा घड़ा बंधा हो, वह संसार–सागर में तैर सकता है भला? जिसके पैरों में जंजीरें पड़ी हों, वह दौड़ सकता है कहीं? संन्यासी तुमने इस तुच्छ जीवन को क्यों बचाया?''

भवा., ''स्त्री सहधर्मिणी होती है, धर्म की सहायिका।''

कल्याणी, ''सहायिका होती है छोटे–छोटे धर्म में। बड़े धर्मों के लिए कंटक होती है। मैंने विष के कांटे से उनके अधर्म के कांटे को उखाड़ा था। छिः! दुराचारी ब्रह्मचारी, तुमने इस प्राण को क्यों बचाया?''

भवा., ''खैर! जो मैंने बचा दिया है, न हो तो मेरा ही रहा। कल्याणी, मैंने जो प्राण तुम्हें दिया है, वह तुम मुझे दे सकती हो?''

कल्याणी, ''आपको पता है, मेरी सुकुमारी कैसी है?''

भवा., ''दिनों से उसका कोई समाचार नहीं मिला। जीवानंदजी बहुत दिनों से उधर नहीं गए।''

कल्याणी, ''उसका कुशल मंगवा नहीं दे सकते हैं। पति को ही छोड़ा है, जब जिंदा रही तो बच्ची को क्यों छोड़ूं? अभी बिटिया मिल जाए, तो जीवन में कुछ सुख मिले। लेकिन मेरे लिए आप इतना क्या करेंगे?''

भवा., ''करूंगा कल्याणी। बच्ची को ला दूंगा। लेकिन उसके बाद?''

कल्याणी, ''उसके बाद क्या?''

भवा., ''पति?''

कल्याणी, ''उन्हें अपनी इच्छा से छोड़ा है।''

भवा., ''अगर उनका व्रत पूरा हो जाए?''

कल्याणी, ''तो फिर उन्हीं की रहूंगी। क्या उन्हें मालूम है कि मैं जिंदा हूं?''

भवा., ''नहीं।''

कल्याणी, ''आपसे क्या उनकी भेंट नहीं होती?''

भवा., ''होती है।''

कल्याणी, ''मेरे बारे में कुछ कहते नहीं।''

भवा., ''नहीं। जो मर गई, उससे पति का नाता क्या?''

कल्याणी, ''कह क्या रहे हैं आप?''

भवा., ''तुम फिर से विवाह कर सकती हो, तुम्हारा पुनर्जन्म हुआ है।''

कल्याणी, ''मेरी बिटिया को ला दो।''

भवा., ''ला दूंगा। तुम फिर से विवाह करोगी?''

कल्याणी, ''तुमसे?''

भवा., ''करोगी विवाह?''

कल्याणी, ''तुमसे?''

भवा., ''अगर वही हो।''

कल्याणी, ''तो संतानधर्म कहां रहेगा?''

भवा., ''अथाह पानी में।''

कल्याणी, ''और यह महाव्रत? यह भवानंद नाम!''

भवा., ''अथाह पानी में।''

कल्याणी, ''आखिर सब कुछ को अथाह पानी में किसके लिए डुबोओगे?''

भवा., ''तुम्हारे लिए। सुनो, आदमी हो या ऋषि, सिद्ध हो या देवता–मन जो है, उस पर वश नहीं। इसमें संदेह नहीं कि संतान–धर्म मेरा प्राण है, लेकिन आज पहली बार यह कहूं कि तुम मेरे प्राण की भी प्राण हो। जिस दिन मैंने तुम्हें मरने से बचाया, उसी दिन से तुम्हारे चरणों में बिक गया। मुझे मालूम ही न था कि संसार में ऐसा भी रूप है। अगर मुझे पता होता कि इन आंखों से ऐसा रूप देखूंगा, तो हर्गिज यह संतान–धर्म नहीं ग्रहण करता। इस आग में वह धर्म जल गया है, प्राण हैं। आज चार साल से प्राण भी जल रहा है, जीना मुश्किल है। जलन है कल्याणी, तीखी जलन। चार साल झेल गया, अब नहीं झेला जाता। तुम मेरी बनोगी?''

कल्याणी, ''मैंने तो तुम्हारे ही मुंह से सुना है कि संतानधर्म का एक नियम यह है कि जो इंद्रिय के वश होता है, उसका प्रायश्चित्त मृत्यु है। है न?''

भवा., ''हां।''

कल्याणी, ''तो तुम्हारा प्रायश्चित्त मृत्यु है।''

भवा., ''मेरा एक ही प्रायश्चित्त है, मृत्यु।''

कल्याणी, ''अगर मैं तुम्हारी मनोकामना पूरी करूं, तो मरोगे?''

भवा., ''जरूर।''

कल्याणी, ''और न करूं, तो?''

भवा., ''तो भी मरना ही है, क्योंकि मेरा मन इंद्रिय के वश हुआ है।''

कल्याणी, ''मैं तुम्हारी मनोकामना नहीं पूरी करूंगी। कब मरोगे तुम!''

भवा., ''अगली लड़ाई में।''

कल्याणी, ''तो जाओ। मेरी लड़की को भेज दोगे?''

भवानंद ने सजल आंखों कहा, ''भेज दूंगा। मर जाने पर मुझे याद रखोगी?''

कल्याणी ने कहा, ''व्रत से भटके हुए एक अधर्मी के नाते याद रखूंगी।''

भवानंद उठकर चल दिए। कल्याणी किताब पढ़ने लगी।

5

भवानंद सोचते हुए मठ की ओर चले। जाते–जाते रात हो गई। अकेले थे, अकेले ही वन में प्रवेश किया। देखा, एक और आदमी उनके आगे–आगे जा रहा है। भवानंद ने पूछा, ''कौन?.... वंदे....''

आगे वाले ने कहा मातरम्।

भवा., ''मैं भवानंद गोस्वामी हूं।''

''मैं धीरानंद।''—आगे वाले ने जवाब दिया।

भवा., ''धीरानंद कहां गए थे?''

धीरा., ''आप ही की खोज में।''

भवा., ''सो क्यों?''

धीरा., ''एक बात कहनी थी।''

भवा., ''क्या?''

धीरा., ''एकांत में कहने की है।''

भवा., ''यहीं कहो न, यह बड़ा एकांत स्थान है।''

धीरा., "आप शहर गए थे?"

भवा., "हां।"

धीरा., "गौरी देवी के यहां?"

भवा., "तुम भी शहर गए थे क्या?"

धीरा., "वहां एक बड़ी सुंदर स्त्री है?"

भवानंद चौके। कुछ डरे। बोले, "मतलब?"

धीरा., "आपने उससे भेंट की थी?"

भवा., "उसके बाद?"

धीरा., "आप उस पर बहुत अनुरक्त हैं।"

भवा., (कुछ सोचकर) "इतनी खोज–पूछ क्यों आखिर। सुनो धीरानंद, जो भी तुमने कहा, वह सत्य है। तुम्हारे सिवा और कितनों को मालूम है यह?"

धीरा., "और किसी को नहीं।"

भवा., "तो तुम्हें मार दूं तो मैं इस कलंक से बच सकता हूं?"

धीरा., "बच सकते हो।"

भवा., "तो आओ इस एकांत में हम लड़ लें। या तो तुम्हें मारकर मैं निष्कंटक हो जाऊं, या तुम मुझे मारकर मेरी इस जलन का अंत कर दो। हथियार है?"

धीरा., "हथियार है। खाली हाथों तुमसे ये सब बातें करने की मजाल किसे है? अगर लड़ना ही तुम्हें मंजूर है, तो लडूंगा। यों संतानों को आपस में लड़ने की मनाही है, लेकिन अपने बचाव के लिए किसी से लड़ना मना नहीं है। मगर मैं जो बात कहने के लिए तुम्हें खोजता फिर रहा था, उसे सुन लेने के बाद ही लड़ना अच्छा होगा न?"

भवा., "क्या हर्ज है कहो।"

भवानंद ने तलवार खोलकर धीरानंद के कंधे पर रखी, "जिससे वह भाग न जाए।"

धीरा., "मैं यह कह रहा था कि तुम कल्याणी से विवाह कर लो।"

भवा., "नाम भी जानते हो उसका?"

धीरा., "विवाह क्यों नहीं कर लेते?"

भवा., "उसका पति जो है।"

धीरा., "वैष्णवों में ऐसा विवाह होता है।"

भवा., "वैसे वैरागियों की बात छोड़ो। संतानों का तो विवाह ही नहीं होता।"

धीरा., "संतानधर्म क्या निहायत जरूरी है? तुम्हारी तो जान जा रही है। छिः! मेरा तो कंधा कट गया (सच ही धीरानंद के कंधे से लहू बहने लगा था)।"

भवा., "आखिर तुम मुझे पाप की सलाह क्यों देने आए हो। जरूर तुम्हारा कोई स्वार्थ है।"

धीरा., "वह भी बताने की इच्छा है। तलवार को दबाओ मत, बताता हूं। इस संतानधर्म से हमारा हाथ जर्जर हो गया है। इसे छोड़कर बाल–बच्चों के साथ जीवन बिताने के लिए मैं उतावला हो उठा हूं। मैं इस धर्म को छोडूंगा। मगर घर जाकर भी चैन नहीं है? बहुत से लोग मुझे चीन्हते हैं कि मैं विद्रोही हूं। घर जाऊंगा तो या तो कोई राजकर्मचारी मेरी गर्दन उतार लेगा या कोई संतान ही गद्दार कहकर मेरा काम तमाम कर देगा। इसीलिए मैं तुमको अपनी राह ले जाना चाहता हूं।"

भवा., "मुझे क्यों?"

धीरा., ''इसलिए कि संतानों की सेना तुम्हारी आज्ञा पर चलती है। सत्यानंद अभी यहां नहीं है, सेना के नायक तुम हो। तुम इस सेना को लेकर लड़ो, मेरा विश्वास है, तुम्हारी जीत होगी। और जीत होने पर तुम अपना ही राज्य बना लो, सेना तो हुक्म मानती ही है। तुम राजा बनो, कल्याणी तुम्हारी मंदोदरी बने और मैं बाल–बच्चों के साथ सुख से दिन काटूं, तुम्हें आशीर्वाद देता रहूं। संतान–धर्म को पानी में डुबो दो।''

भवानंद ने धीरानंद के कंधे से तलवार उतार ली। बोले, ''धीरानंद तलवार सम्हालो, मैं तुम्हारी हत्या करूंगा। मैं इंद्रियों के वश होऊं चाहे लेकिन विश्वास घातक नहीं हूं। तुमने मुझे विश्वासघातक बनने की राय दी है। तुम विश्वासघातक हो, तुम्हें मारने से ब्रह्महत्या का पाप नहीं लगेगा। तुम्हें मारूंगा।''

बात समाप्त होते न होते धीरानंद जोर से भागे। भवानंद ने पीछा नहीं किया। वे कुछ देर अनमने–से थे। जब उसे खोजा, तो वह मिला ही नहीं।

6

भवानंद मठ के बदले गहरे जंगल में घुस गए। उस घने जंगल में एक पुराने महल का खंडहर था। खंडहर पर पेड़–पौधे, लता–कांटे काफी घने उग आए थे। बेहिसाब सांप थे उस झाड़ी में। एक कमरा उसमें कुछ साबित–सा था। भवानंद उसी में जाकर बैठे। बैठकर सोचने लगे।

घनी अंधेरी रात। तिसपर बड़ी दूर तक फैला जंगल। बड़ा ही घना। जन–शून्य। दुर्मेघ। पशुओं के जाने–आने के लिए भी दुर्गम सन्नाटा, आवाज कुछ कहीं थी तो बाघ की हुंकार या जंगली जानवरों के भय, भूख या गर्जन की। कभी–कभी किसी बहुत बड़े पक्षी के पंखों की फड़फड़ाहट, कभी पीछा करने वाले और भागने वाले, बध्य और बधकारी पशुओं के दौड़ने का शब्द। उस एकांत अंधेरे में उस टूटे महल में अकेले भवानंद। उनके लिए मानो पृथ्वी ही नहीं रह गई थी, या थी तो केवल भयावनी बनी। वे कपाल पर हाथ रखे सोच रहे थे—न स्पंदन, न विश्वास, न भय। गहरी चिंता में डूबे। मन–ही–मन कह रहे थे, होनी होकर ही रहेगी। दुःख इतना ही है कि मैं गंगा की लहरों में तुच्छ हाथी जैसा इंद्रिय–स्रोत में

बह गया। देह एक पल में मिट सकती है और देह का मिटना ही इंद्रियों का अंत है—मैं उन्हीं इंद्रियों के बस में हुआ? मेरे लिए मरना ही उत्तम है। धर्म त्यागी हूं मैं। धिक्कार है। मैं मरूंगा। ऐसे में सर पर उल्लू बोला। भवानंद बोले, 'कैसा शब्द? लगा, जैसे यम का पुकार हो। मालूम नहीं, क्या बोल गया, किसने मुझे पुकारा, किसने संकेत किया, मरने को कहा! पुण्यमय अनंत, तुम शब्दमय हो, किंतु मैं तुम्हारे शब्द का मर्म समझ नहीं पाता। मुझे धर्म की मति दो, पाप से बचाओ। हे गुरुदेव, धर्म में मेरी मति हो।'

इतने में उस भयानक जंगल से बड़ा मधुर लेकिन गंभीर मानव–स्वर सुनाई पड़ा : किसी ने कहा, 'धर्म में मति रहेगी, मैं आशीर्वाद करता हूं।'

भवानंद के रोंगटे खड़े हो गए, ''अरे! गुरुदेव का स्वर! महाराज, कहां हैं आप? अधम दास को दर्शन दें।''

लेकिन न तो किसी ने दर्शन दिया, न उत्तर। भवानंद ने बार–बार पुकारा, जवाब न मिला। इधर–उधर देखा, कहीं कोई नहीं था।

सवेरे जब प्रातः सूर्य उगकर जंगल के हरे पत्तों पर चमक रहा था, तो भवानंद मठ में उपस्थित हुए। कानों में आवाज पहुंची—हरे मुरारे हरे मुरारे। पहचान गए, आवाज सत्यानंद की थी। समझ गए कि गुरु लौट आए हैं।

7

जीवानंद के कुटिया से बाहर निकल जाने पर शांति देवी फिर सारंग पर गाने लगी—

प्रलय पयोधि जले धृत मानसि वेदम्
विहित वहित्र चरित्रम् खेदम्
केशव धृत मीन शरीर
जय जगदीश हरे।

गोस्वामी रचित यह मधुर स्तोत्र जब शांति देवी के कंठ से निकल, राग–ताल–लय से पूर्ण हो उस विशाल कानन की अनंत नीरवता को चीरता हुआ उमड़े जल में वसंत–पवन से उठती हुई लहरों जैसा मधुर हो आया, तो आया,

निन्दसि यज्ञ विधेरहह श्रुति जातम्
सदय हृदय दर्शित पशु घातम्
केशव धृत बुद्ध शरीर
जय जगदीश हरे।

तो बाहर से किसी ने बड़े ही गंभीर स्वर से, मेघ की गहरी गरज जैसे स्वर में गाया—

म्लेच्छनिवह निधने कलयसि कर वालम्

धूम केतु मिव किमपि करालम्

केशवधृत कल्कि शरीर

जय जगदीश हरे।

शांति ने भक्ति से सत्यानंद के चरणों की धूल ली। बोली—"प्रभो, अपना ऐसा भाग्य कैसे कि यहीं श्रीचरणों के दर्शन हुए। आज्ञा दें, मुझे क्या करना होगा।" और उसने सारंग पर फिर गाया—

तवचरणप्रणता वयमिति भावय कुरु कुशलं प्रणतेषु।

सत्यानंद बोले, "तुम्हारा कुशल ही होगा बिटिया।"

शांति—कुशल कैसे प्रभो! आपकी आज्ञा तो मेरे वैधव्य की है।

सत्या., "मैं तुम्हें पहचानता नहीं था बिटिया! रस्सी का जोर जाने बिना मैंने उसे ज्यादा खींचा है। तुम मुझसे ज्ञानी हो, इसका उपाय करो। जीवानंद से मत कहना कि मुझे सब मालूम है। तुम्हारे लिए वे अपने जीवन को बचा सकते हैं, अब तक बचाते आए हैं। तभी मेरा काम हो सकता है।"

उन बड़े—बड़े खिले नील नयनों में निदाघ : कादंबिनी की बिजली—सा रोष का कटाक्ष हुआ। शांति ने कहा, "स्वामीजी, मैं और मेरे स्वामी एक प्राण हैं। आपसे जो बातें हुईं, मैं उनसे सब कहूंगी। मरना होगा, वे मरेंगे। मेरा क्या नुकसान? मैं साथ—साथ मरूंगी। उनके लिए स्वर्ग है तो आप क्या समझते हैं, मेरे लिए नहीं?"

ब्रह्मचारी बोले, "जीवन में मैं कभी हारा नहीं। आज तुमसे मैं हार गया। बिटिया, मुझ पर स्नेह रखो, अपने और जीवानंद के प्राण की रक्षा करो, इसी से मेरा काम पूरा होगा।"

बिजली हंसी। शांति ने कहा, ''मेरे पति का धर्म उनके हाथ में है, मैं उन्हें धर्म से डिगाने वाली कौन होती हूं? इस लोक में पति स्त्री के देवता हैं, परलोक में सबके देवता हैं धर्म। मेरे लिए मेरे पति बड़े हैं, उनसे बड़ा है धर्म और धर्म से भी मेरे लिए बड़ा है मेरे पति का धर्म। अपने धर्म को मैं जब चाहूं, जलांजलि दे सकती हूं, पर पति के धर्म को दे सकती हूं कभी? महाराज, आपकी बात पर मरना होगा तो मेरे पति मरेंगे, मैं मना नहीं करूंगी।''

ब्रह्मचारी ने लंबा निःश्वास छोड़कर कहा, ''बिटिया, इस व्रत के लिए बलिदान चाहिए। हम सबको बलि होना है। मैं भी मरूंगा। जीवानंद, भवानंद सभी मरेंगे और लगता है तुम भी मरोगी। लेकिन काम करके मरना होगा। बिना काम किए मरना भी क्या ठीक है? मैंने केवल देश को माता कहा है और किसी को नहीं कहा क्योंकि इस सुजला–सुफला धरती के बिना हम सब मातृहीन हैं और तुमको मां कहता हूं, मां होकर संतान का उपकार करो, ऐसा करो कि काम बने। और अपने को तथा जीवानंद को बचाना।''

इतना कहकर सत्यानंद हरे मुरारे मधुकैटभारे गाते हुए चले गए।

8

धीरे–धीरे संतानों में यह समाचार फैल गया कि स्वामी सत्यानंद आए हैं। सबसे कुछ कहेंगे, इसलिए उन्होंने संतानों को बुलाया है। दल के दल संतान नदी के किनारे जमा होने लगे। चांदनी रात में, नदी किनारे के गहन वन में आम, पीपल, बरगद, सेमल, ताड़ आदि पेड़ों के नीचे कोई दस हजार संतान इकट्ठा हुए। एक–दूसरे से सत्यानंद जी के आने की बात सुनकर शोर करने लगे। सत्यानंद किस लिए कहां गए थे, किसी को पता न था, अफवाह यही थी कि संतानों की मंगल–कामना से तपस्या के लिए हिमालय गए थे। आज लोगों में काना फूसी होने लगी, महाराज को तप से सिद्धि मिली है–हम लोगों का राज होगा। लोग शोर मचाने लगे। कोई कहने लगा, मारो, मुसलमानों को मारो। किसी ने कहा, जय महाराज की जय। किसी ने हरे मुरारे और किसी ने वंदेमातरम् का नारा बुलंद किया। कोई कहने लगा, यह भी सौभाग्य होगा कि तुच्छ बंगाली होकर लड़ाई के मैदान में जान दे सकूंगा। तो कोई कहने लगा, भाई वह भी दिन आएगा कि मस्जिद तोड़कर राधा माधव का मंदिर बनाएंगे। किसी ने कहा, ऐसा भी समय आएगा कि अपने धन

का हम भोग करेंगे। दस हजार आदमी का कलरव, हवा के मीठे झोंकों से पत्तों का मर्मर, बहती नदी का मृदु–मृदु कल–स्वर, नीले आसमान पर चंद्रमा, तारे, शुभ्रमेघ; श्यामल धरती पर हरा–भरा वन, स्वच्छ नदी, श्वेत सैकत, खिले फूल—और इन सब के बीच–बीच में वंदेमातरम् की वह मधुर ध्वनि। सत्यानंद इकट्ठे हुए संतानों के बीच आकर खड़े हुए। दस हजार संतानों के सिर पेड़ों से चूती हुई चांदनी से चमक कर श्यामल धरती पर झुके। आंसू भरी आंखें, दोनों हाथ उठा कर ऊंचे स्वर में सत्यानंद ने कहा,

"शंख–चक्र–गदा प धारी बनवारी, बैकुंठ के नाथ, जिन्होंने केशि, मधूमूर का मर्दन किया, जो लोकपालक हैं, वे तुम लोगों का कल्याण करें। तुम्हारी भुजाओं में शक्ति दें, मन में भक्ति दें, हृदय में मति दें। तुम सब उनकी महिमा एक बार गान करो।" और हजारों कंठों से निनादित हुआ,

जय जगदीश हरे,

प्रलय पयोधि जले धृत मानसि वेदम्

विहित वहित्र चरित्रम् खेदम्

केशव धृत मीन शरीर

जय जगदीश हरे।

सत्यानंद ने आशीर्वाद दिया। बोले, "संतानगण तुमसे आज मुझे एक विशेष बात कहनी है। टामस नाम के एक दुष्ट विधर्मी ने बहुतेरे संतानों को मारा है। हम आज रात सेना समेत उसकी हत्या करेंगे। जगदीश्वर की आज्ञा है। तुम लोगों की क्या राय है?"

सम्मिलित कंठों की हरि ध्वनि के जंगल फटने लगे। हम अभी उसका काम तमाम करेंगे। है कहां वह, कोई चलकर दिखा तो दे। मारो। दुष्टों का सफाया कर दो।—आदि–आदि शब्दों से दूर की

पहाड़ियां गूंजीं। सत्यानंद बोले, ''इसके लिए हमें थोड़ा धीरज रखना होगा। उनके पास तोपें हैं। तोपों के सिवाय उनसे लड़ना संभव नहीं। फिर वे लोग वीर जाति के हैं। पदचि से सत्रह तोपें आ रही हैं—आ जाएं तो हम धावा बोलेंगे। वह देखो सवेरा हो रहा है—चार दंड होते ही....अरे, यह क्या!''

गुडुम् गुम् गुडुम्! जंगल के चारों ओर तोपें गरज उठी। अंग्रेजों की तोप। जाल में जैसे मछलियों को बटोरते हैं, टामस ने उसी तरह इस जंगल में संतानों को घेरकर मारने की युक्ति की।

9

गुडुम गुम् गुडुम। अंग्रेजों की तोप गरज उठी। विशाल जंगल को कंपाता हुआ वह शब्द प्रतिध्वनित हुआ। नदी के किनारे जाकर वह शब्द आकाश से टकरा कर लौटा, गुडुम गुम् गुडुम और फिर नदी पार के जंगल के भीतर गूंज उठा। सत्यानंद ने तोप की खोज लेने को कहा। कई संतान घोड़े पर सवार हो दौड़े। लेकिन कुछ ही दूर जा पाए कि उन पर सावन की धारा से गोले बरसे। घोड़े सहित वे घायल हुए और मर गए। दूर से सत्यानंद ने यह देखा। बोले, "पेड़ पर चढ़कर देखो, क्या है?" उनके कहने के पहले से ही जीवानंद पेड़ की चोटी से देख रहे थे। ऊपर डाल पर से उन्होंने कहा, "तोप अंग्रेजों की है।"

सत्यानंद ने पूछा, "घुड़सवार हैं या पैदल?"

जीवा., "दोनों हैं।"

सत्या., "कितने होंगे?"

जीवा., "अंदाज नहीं कर पा रहा हूं। अभी भी जंगल की ओट से निकल रहे हैं।"

सत्या., "गोरे हैं या सिर्फ सिपाही?"

जीवा., "गोरे।"

सत्यानंद ने कहा, "अच्छा तुम पेड़ पर से उतरो।"

जीवानंद नीचे उतर आए।

सत्यानंद बोले, "दस हजार संतान हैं। क्या कर सकते हो, देखो। आज सेनापति तुम हो।" जीवानंद हथियार से लैस होकर उछल कर घोड़े पर सवार हो गए। नवीनानंद की ओर ताककर आंख के इशारे से कहा, कोई समझ नहीं सके। नवीनानंद ने आंखों से क्या उत्तर दिया, यह भी किसी ने नहीं समझा। केवल उन्हीं दोनों ने शायद मन ही मन समझा कि वह विदाई सदा के लिए। नवीनानंद ने दोनों हाथ उठाकर लोगों से कहा, "भाइयो, जय जगदीश हरे गाओ।" दस हजार संतानों ने एक स्वर से जंगल आसमान को कंपाते हुए, तोप की गड़गड़ाहट को उस सम्मिलित स्वर में डुबोकर गाया—

जय जगदीश हरे

म्लेच्छ निवह निधने कलयसि करवालम्।

इतने में अंग्रेजों की तोप के गोले जंगल में उन पर आकर गिरने लगे। गाते—गाते ही कोई मस्तकहीन, बाहुहीन चूर छाती लिए माटी पर गिरे, लेकिन गाना किसी ने बंद नहीं किया। गीत बंद होने पर सब बिल्कुल निःस्तब्ध हो गए। वह घना जंगल, नदी का किनारा, अनंत एकांत एकबारगी गहरी नीरवता में डूब गया; केवल तोप की भयंकर आवाज और गोरों के अस्त्रों की झंकार तथा पैरों की आहट ही सुनाई पड़ रही थी।

उस गहरे सन्नाटे में सत्यानंद ने कहा, "जगदीश हरि तुम लोगों पर कृपा करेंगे—तोप कितनी दूर पर है?"

ऊपर से एक ने कहा, ''जंगल के बहुत करीब है, बस एक बैहार पार।''

सत्यानंद ने पूछा, ''तुम कौन हो?''

ऊपर से उत्तर मिला, ''मैं हूं, नवीनानंद।''

सत्यानंद बोले, ''तुम संतानों की संख्या दस हजार है, जीत तुम्हारी ही होगी, तोप छीन लो।''

जीवानंद घोड़े पर आगे–आगे थे। बोले, ''चलो।''

दसों हजार संतान–घुड़सवार और पैदल–तेजी से जीवानंद के पीछे बढ़े। पैदल सिपाहियों के कंधे पर बंदूक, कमर में तलवार, हाथ में भाला। जंगल से निकलते ही गोलों की बौछार उन्हें तितर–बितर करने लगी। बिना युद्ध के ही अनेकों संतान धराशायी हुए। एक ने जीवानंद से कहा, ''नाहक प्राण गंवाने से क्या लाभ?''

जीवानंद ने पलट कर देखा, भवानंद थे। पूछा, ''तो क्या किया जाए?''

भवानंद ने कहा, ''जंगल में पेड़ों की ओट में जान बचानी चाहिए। इस खुले मैदान में, तोप के सामने तोप बिना संतान–सेना एक पल नहीं टिक सकेगी। झाड़ी झुरमुट में छिपकर ज्यादा देर तक लड़ा जा सकता है।''

जीवा., ''बात ठीक है। लेकिन प्रभु की आज्ञा है, तोप को छीनना है। अतएव हम तोप छीनने जायेंगे।''

भवा., ''तोप छीनने की मजाल किसकी है? और अगर छीनना ही है, तो तुम छोड़ो, मैं जाता हूं।''

जीवा., ''यह नहीं होने का भाई, आज मेरे मरने का दिन है।''

भवा., ''नहीं, मेरे मरने का दिन है।''

जीवा., ''मुझे प्रायश्चित्त करना है।''

भवा., ''तुम निष्पाप हो—तुम्हें प्रायश्चित्त की जरूरत नहीं, मेरा मन कलुषित है, मुझी को मरना होगा। तुम रुको, मैं जाता हूं।''

जीवा., ''भवानंद, मैं नहीं जानता कि तुम्हारा पाप क्या है। लेकिन तुम रहोगे तो संतानों का कार्य सधेगा। मुझे जाने दो।''

भवानंद जरा चुप रहकर बोले, मरने की जरूरत हो तो आज ही मरूं, जब जरूरत हो, तब मरूं। मरने के लिए काल–अकाल क्या?

जीवा., ''तो चलो।''

भवानंद सबसे आगे हो गए। गोलों की बौछार संतान–सेना को छिन्न–भिन्न कर रही थी, चीरे डाल रही थी, उलट फेंक रही थी; और फिर शत्रु के बंदूकधारी सिपाहियों का अचूक निशाना कतार की कतार संतान–सेना को धराशायी कर रहा था। ऐसे में भवानंद ने कहा, ''इस लहर में आज संतानों को कूदना है, कौन तैयार हो भाई। कहो वंदे मातरम्।'' कहना था कि मेघ मल्लार राग में हजारों की यह संतान सेना तोप की ताल पर वंदेमातरम् गाने लगी।

10

वंदेमातरम् गाते–गाते भाला लिए हजारों संतानों की वह सेना दुश्मनों की तोप पर टूट पड़ी। गोलों की बौछार से संतान–सेना का बुरा हाल था, फिर कोई लौटा नहीं। कप्तान टामस के हुक्म से संगीन चढ़ाकर बंदूक धारियों के एक दल ने बड़े जोर से दाईं तरफ आक्रमण किया। दोनों तरफ से घिरकर संतानगण निराश हो गए। पल में शत–शत संतान मारे जाने लगे। इस पर जीवानंद ने कहा, ''भाई भवानंद, तुम्हारा ही कहना ठीक है। वैष्णवों के विनाश का कोई लाभ नहीं। अब लौट चलें।''

भवा., 'अभी कैसे लौट सकते हो? अभी तो जो पीछे मुड़ेगा वही मारा जाएगा।''

जीवा., ''सामने और दाएं से हमला हो रहा है। बायीं तरफ कोई नहीं है, चलो, उसी ओर से धीरे–धीरे निकल चलें।''

भवा., ''निकलकर भी कहां जाओगे? उधर नदी जो है–और बाढ़ आई है जोरों की। अंग्रेजों के गोलों से भागकर आखिर संतान–सेना को नदी में डुबाओगे?''

जीवा., ''याद आ रहा है, नदी पर कोई पुल है।''

भवा., ''दस हजार सेना लेकर उस पुल से जाने में इतनी भीड़ होगी कि शायद एक ही तोप से सबका खातमा हो जाएगा।''

जीवा., ''एक काम करो। थोड़ी–सी सेना तुम रखो। इस लड़ाई में तुमने जो, चतुराई और साहस दिखाया है, उससे लगता है, तुम्हारे लिए असाध्य कुछ नहीं। उन सेना से तुम सामने का बचाव करो, मैं बाकी संतानों को उसी के पीछे से पुल पार करा ले जाता हूं। तुम्हारे साथ के लोग निश्चित मारे जाएंगे, मेरे साथ जाने वाले बच भी जाएं शायद।''

भवा., ''अच्छा, मैं वही करता हूं।''

दो हजार सेना के साथ भवानंद ने वंदेमातरम् की हुंकार भरी और शत्रु के गोलंदाजों पर हमला किया। घनघोर लड़ाई होने लगी। लेकिन तोप के सामने वे कब तक टिकते? गोलंदाज उन्हें मार गिराने लगे।

इस मौके से जीवानंद बाकी संतानों को मोड़कर बायीं तरफ के जंगल से ले जाने लगे। कप्तान टामस के एक सहयोगी लेफ्टीनेंट वाटसन ने दूर से देखा कि संतानों का एक दल धीरे–धीरे भाग रहा है। बस, उन्होंने फौजदारी और परगना सिपाहियों के साथ जीवानंद का पीछा किया।

कप्तान टामस ने यह देखा। संतानों की एक खास जमात भागी जा रही है, यह देखकर उन्होंने दूसरे सहयोगी कप्तान से कहा, ''दो–चार सौ सिपाहियों को लेकर मैं इन टूटे हुए विद्रोहियों का काम तमाम करता हूं, तुम तोप की बाकी सेना लेकर उनका पीछा करो। बाएं से लेफ्टिनेंट वाटसन जा रहे हैं, तुम दाएं से जाओ। हां, देखो, आगे जाकर पुल का मुंह बंद करना होगा। फिर तो तीनों तरफ से उन्हें घेरकर जाल में फंसी चिड़ियों की तरह मार डालेंगे। वे देशी पदातिक बड़े तेज हैं, भागने में सबसे ज्यादा कुशल, सो तुम

आसानी से उन्हें नहीं पकड़ पाओगे। घुड़सवारों से कहो, घूमकर जरा तेजी से जाएं और पुल का मुंह छेंक लें। इसी से काम बनेगा।'' कप्तान हे ने यही किया।

ज्यादा दंभ से लंका गई। कप्तान टामस ने संतानों को बड़ा तुच्छ समझा और इसलिए भवानंद के मुकाबले के लिए महज दो सौ पैदल सिपाहियों को रखकर बाकी को हे के साथ भेज दिया। भवानंद ने जब देखा कि अंग्रेजों की तोपें हट गईं, फैल गईं—कुछ ही लोग रह गए जिन्हें चबेना बनाना सहज है, तो अपने बचे लोगों से बोले, ''इन कुछ लोगों को खत्म करके मुझे जीवानंद की मदद के लिए जाना है। तुम लोग फिर से जय जगदीश हरे का नारा लगाओ।'' संतान–सेना ने नारा बुलंद किया और बाघ की तरह टामस की फौज पर टूट पड़ी। उस हमले को टामस की छोटी फौज और तैलंगी सिपाही सह न सके, नष्ट हो गए। भवानंद ने लपककर कप्तान टामस का झोंटा पकड़ा। कप्तान अंत–अंत तक लड़ रहा था। वे बोले, ''कप्तान साहब, मैं तुम्हारी जान नहीं लूंगा। अंग्रेज हमारे दुश्मन नहीं हैं। तुम इन मुसलमानों की मदद में क्यों आए? तुम्हें जान की भीख देता हूं—तुम बंदी हो। अंग्रेजों की जय हो, हम तुम्हारे सुहृद हैं।'' टामस ने भवानंद को मारने के लिए संगीन–सहित एक बंदूक उठाने की एक बार चेष्टा की, मगर भवानंद ने उसे बाघ की तरह दबोच रखा था, हिल न सका। भवानंद ने अनुचरों से उसे बांधने को कहा। दो–तीन संतानों ने मिलकर कप्तान टामस को बांधा। भवानंद बोले, ''इसे एक घोड़े पर लाद लो और चलो, अब हम जीवानंद की सहायता को चलें।''

कप्तान टामस को घोड़े पर लादकर वंदेमातरम् गाते हुए सब लेफ्टिनेंट वाटसन की फौज की तरफ दौड़े।

जीवानंद के साथ की फौज हिम्मत हार चुकी थी और भागने को हो रही थी। जीवानंद और धीरानंद ने हिम्मत बंधाई, लेकिन

सबको रोक नहीं सके, उनमें से कुछ भागकर आम के वन में जा छिपे। बाकी सेना को वे पुल के छोर पर ले गए। लेकिन वाटसन और हे ने उन्हें दो ओर से घेर लिया। कोई उपाय न रहा।

11

टामस की तोपें दायीं तरफ पहुंच गईं। संतानों का दल बिखर गया। किसी के बचने की कोई आशा न रही। जिसकी जिधर सींक समाई, भागने लगे। जीवानंद और धीरानंद ने सबको इकट्ठा करने की बहुत कोशिश की, मगर न कर सके। इतने में जोरों से किसी ने कहा, ''पुल पर जाओ, पुल पर नहीं तो नदी में डूबकर मरना होगा। अंग्रेजी सेना की तरफ मुंह किए धीरे–धीरे पुल पर जाओ।''

जीवानंद ने देखा, सामने भवानंद हैं। भवानंद ने कहा, ''जीवानंद सेना पुल पर ले जाओ, नहीं तो खैर नहीं।'' धीरे–धीरे पीछे हटती हुई संतान–सेना पुल पार करने लगी। अंग्रेजों के तोप को मौका मिला। पुल पर गोले बरसने लगे। संतान–सेना गिरने लगी। भवानंद, जीवानंद, धीरानंद इकट्ठे हुए। एक तोप से संतानों का बड़ा सर्वनाश हो रहा था। भवानंद ने कहा, ''जीवानंद, चलो, हम तीनों तलवार भांजते हुए उस तोप पर कब्जा कर लें।'' और तीनों चले। गोलन्दाज सेना जो करीब थी, उनका काम तमाम किया। पीछे से मदद में और–और संतान आए। तोप भवानंद के हाथ आ गई। वे उस पर उठ खड़े हुए। ताली बजाकर बोले, वंदेमातरम्। भवानंद

ने कहा, ''अब तोप का मुंह घुमाकर इन कम्बख्तों को धुनें।'' सबने मिलकर तोप को घुमाया। तोप मानों वैष्णवों के कानों में 'हरि धुन' करने लगी। दुश्मन की सेना के लोग बुरी तरह मरने लगे। भवानंद तोप को पुल के मुंह पर खींच लाए। बोले, ''तुम दोनों कतार से संतान–सेना को पुल के पार ले जाओ, मैं अकेले व्यूह की रक्षा करूंगा। तोप चलाने के लिए मेरे पास कुछ एक गोलन्दाजों को रख जाओ।'' चुने हुए बीस संतान भवानंद के पास रहे।

कतारों में संतान–सेना पुल पार होकर उस पार जाने लगी। बीस संतानों की सहायता से अकेले भवानंद दुश्मनों को भूनने लगे। मगर यवन–सेना उमड़े पानी के लहरों की थी। लहर पर लहर! भवानंद के नाक में दम कर दिया। लेकिन भवानंद अजेय रहे, अथक निर्भीक। तोप से यवन–सेना का नाश करते रहे। हवा से बाधा पाए तरंगाघात की तरह यवनों पर आक्रमण होने लगा, पर बीस संतान तोप लेकर पुल का मुंह बंद किए रहे। वे मरते–मरते भी न मरे और दुश्मन पुल पर घुस नहीं सके। वे वीर अजेय थे। मौका पाकर दल के दल संतान उस पार पहुंच गए। और कुछ समय तक पुल बच जाए तो सारी सेना उस पार पहुंच जाय–ऐसे समय कहीं से नई तोप गरजी, गुड़ गुड़म। दोनों दल भौंचक्का–से कुछ देर देखते रह गए। फिर तोप कहां। देखा, देशी गोलंदाजों के साथ कुछ तोपें जंगल के बाहर निकल रही हैं। और निकलते ही आग उगलती हुई उन तोपों ने हे साहब की फौज की खबर लेनी शुरू की। गरज से वन–पर्वत, नदी गूंज उठी। तमाम दिन लड़कर यवन–सेना थक रही थी, कांप उठी। उस गोले बारी से शत्रु भागने लगे, केवल कुछ गोरे खड़े रहे और मरने लगे।

भवानंद तमाशा देख रहे थे। बोले, ''अब मुसलमान भाग रहे हैं, चलो, उन पर हमला करें।'' और चींटी की कतार की नाईं पुल पार से संतानों की सेना लौटकर शत्रुओं पर दौड़ी। मुसलमानों पर

अचानक टूटी। उन्हें लड़ने का मौका नहीं मिला। दंभी हाथी को जैसे गंगा की लहर बहा ले गई थी, वैसे ही संतानों का दल यवनों को बहा ले गया। यवनों ने देखा, पीछे भवानंद की पैदल सेना है, सामने महेंद्र की तोपें ही तोपें। हे साहब पर आफत आई। कुछ भी न टिका, बल, वीर्य, साहस, कौशल, शिक्षा, दंभ—सब बह गया। फौजदारी, बादशाही, अंग्रेजी, देशी काले, गोरे—सैनिक गिरने लगे। शत्रु की सेना भाग खड़ी हुई। 'मार—मार करके जीवानंद भवानंद, धीरानंद उनके पीछे दौड़े। संतानों ने उनकी तोपें छीन लीं। बहुत—से अंग्रेज और सिपाही मारे गए। मुश्किल देखकर कप्तान हे और वाट्सन ने कहला भेजा, हम आत्मसमर्पण करते हैं, लोगों की जान न लें। जीवानंद ने भवानंद की ओर ताका। भवानंद ने मन में कहा यह कैसे होगा! मुझे तो आज मरना होगा और उन्होंने हाथ उठाकर हरिध्वनि की और मार—मार का शोर किया।

फिर क्या था, कोई जीवित न बचा। अंत में बीस—बीस गोरे एक जगह इकट्ठे हुए और आत्मसमर्पण का निश्चय करके डटकर लड़ने लगे। जीवानंद ने कहा, "अब लड़ने की क्या पड़ी है। इन कुछ को छोड़कर कोई जिंदा नहीं है। इन्हें जान की भीख देकर चलो हम लोग लौट चलें।"

भवानंद बोले, "एक भी जब तक जिंदा है, भवानंद लौटने का नहीं। मैं तुम्हें शपथ दी है कि अलग खड़े होकर देखो, अकेले मैं इन सबका काम करता हूं।"

कप्तान टामस घोड़े पर बंधे पड़े थे। भवानंद ने हुक्म दिया, "उसे मेरे सामने लाओ। पहले यह कम्बख्त मरेगा, तब तो मैं भी मरूंगा।"

कप्तान टामस बंगला समझते थे। उनकी बात सुनकर अंग्रेजों से बोले, "अंग्रेजों! मैं तो खत्म हो चुका, तुम लोग इंग्लैंड का नाम

रखना। ईसा की कसम तुम्हें, पहले मुझे मार डालो, फिर इनकी खबर लेना।''

बंदूक की आवाज हुई। कप्तान टामस को निशाना बनाकर एक आइरिशमैन ने गोली छोड़ी थी। गोली कपाल में लगी। कप्तान टामस चल बसे।

भवानंद ने पुकार कर कहा, ''मेरा ब्रह्मशास्त्र बेकार हो चुका। यहां कौन पार्थ, वृकोदर, नकुल, सहदेव हैं जो मेरी रक्षा करेगा। वह तीर से चोट खाए बाघ की तरह गोरे मुझ पर झपटे हैं। मैं मरने के लिए आया हूं। मेरे साथ मरने को तैयार हो, ऐसा कोई संतान है?''

पहले धीरानंद बढ़े, उनके पीछे जीवानंद—साथ—साथ पंद्रह, फिर बीस, फिर पचास संतान आए।

धीरा., ''क्यों, मरना क्या किसी के खास इजारे में हैं?'' यह कहते—कहते उन्होंने एक गोरे को घायल किया।

भवा., ''सो नहीं। मरने से तो बाल—बच्चों का मुंह देखकर दिन नहीं बिता पाओगे।''

धीरा., ''कल की बात कह रहे हो? अभी भी नहीं समझा?'' धीरानंद ने घायल गोरे को मार दिया।

भवा., ''नहीं।'' इतने में एक गोरे के वार से भवानंद का दायां हाथ जख्मी हो गया।

धीरा., ''मेरी क्या मजाल कि तुम जैसे पवित्रात्मा को ये बातें कहूं। मैं सत्यानंद का चूर होकर वहां गया था।''

भवा., ''अच्छा! महाराज को मुझपर अविश्वास?'' (भवानंद एक हाथ से लड़ रहे थे)।

उन्हें बचाते हुए धीरानंद ने कहा, ''कल्याणी से तुम्हारी जो बातें हुई थीं, उन्होंने अपने कानों सुनी थीं।''

भवा., ''कैसे?''

धीरा., ''वे उस समय वहीं थे। सावधान रहना। (भवानंद एक गोरे से घायल हुए और उसे घायल किया) वे कल्याणी को गीता पढ़ा रहे थे, उसी समय तुम पहुंचे। सावधान।'' (भवानंद का बायां हाथ छिन्न हो गया।)

भवा., ''मेरे मरने का समाचार उन्हें देना। कहना, मैं अविश्वासी नहीं हूं।''

धीरानंद छलछलाई आंखों लड़ते हुए बोले, ''यह उन्हें मालूम है। कल रात के आशीर्वाद की याद करो। मुझे उन्होंने कहा, भवानंद के पास रहना। वह आज मरेगा। मरते समय उससे कहना, मैं आशीर्वाद देता हूं, मरकर उसे बैकुंठ मिलेगा।''

भवानंद बोले, ''संतानों की जीत हो भाई। मरते समय मुझे एक बार 'वंदेमातरम्' तो सुना दो।''

इस पर लड़ते हुए सभी संतानों ने बड़े उल्लास से 'वंदेमातरम्' गाया।

उनकी भुजाओं में दुगना बल बढ़ गया। उसी आवेग में बाकी गोरे मारे गए। मैदान में कोई शत्रु न रहा।

भवानंद 'वंदेमातरम्' रटते हुए और मन में विष्णु के चरणों का ध्यान करते हुए अंतिम सांस ली।

हाय, नारी का रूप लावण्य। तुम्हें धिक्कार है।

12

लड़ाई जीत लेने के बाद सब सत्यानंद को घेरकर खुशियां मनाने लगे। लेकिन सत्यानंद भवानंद के लिए उदास थे।

वैष्णवों की सेना में लड़ाई के बाजे नहीं थे। अब जानें कहां से अनगिनती ढाक–ढोल, तुरही गाड़ी, दमामे आ पहुंचे। विजय के उल्लास में बजते हुए बाजों की प्रतिध्वनि से जंगल गूँज उठा। यह धूमधाम देर तक चलती रही। उसके बाद सत्यानंद ने कहा, ''जगदीश्वर की कृपा से संतान धर्म की जीत हुई, लेकिन एक काम अभी बाकी है। जो हम लोगों के साथ खुशियां नहीं मना सके, जिन्होंने हमारे इस उत्सव के लिए अपनी जान दी—उन्हें भूलना नहीं है। जो युद्ध में काम आकर मैदान में पड़े हैं, चलो, हम उनका संस्कार करें। खासकर महात्मा भवानंद का संस्कार हम धूमधाम से करें, जिन्होंने लड़ाई जीतकर अपने प्राण दिए।'' संतानों ने वंदेमातरम् का नारा लगाया और युद्ध में मारे गए वीरों के संस्कार के लिए आगे बढ़े। जंगल से चंदन की लकड़ी इकट्ठी करके उन्होंने भवानंद की चिता सजाई। चिता पर भवानंद के शव को लिटाया, चिता में आग लगाई और घेरकर सब हरे मुरारे गाने लगे। ये

संतान विष्णु के भक्त थे, पर वैष्णव संप्रदाय के नहीं। शवों का ये दाह–संस्कार करते थे।

उसके बाद सत्यानंद, जीवानंद, महेंद्र, नवीनानंद और धीरानंद, यही पाँच व्यक्ति परामर्श करने लगे। सत्यानंद ने कहा, ''आज तक जिस काम के लिए हम लोगों ने सब कुछ छोड़ा था, वह व्रत पूरा हुआ। इस प्रदेश में अब यवन–सेना नहीं है। कुछ है भी तो वह हमारे सामने टिक नहीं सकेगी। अब क्या राय है ?''

जीवानंद ने कहा, ''चलिए, इस मौके पर हम राजधानी पर कब्जा कर लें।''

सत्या., ''यही मेरी राय है।''

धीरा., ''लेकिन सेना कहाँ है ?''

जीवा., ''क्यों, यह जो है ?''

धीरा., ''यह कौन? किसे देख रहे हैं ?''

जीवा., ''जहाँ–तहाँ बैठे सैनिक आराम कर रहे हैं। नगाड़ा बजाते ही लोग आ जुटेंगे।''

धीरा., ''एक भी नहीं मिलेगा।''

सत्या., ''क्यों ?''

धीरा., ''सब लूट–पाट में निकल पड़े हैं। गाँव अभी अरक्षित पड़ा है। लोग मुसलमानों के गाँव और रेशम की कोठियाँ लूटकर घर जाएंगे। अभी आप किसी को नहीं पाएँगे। मैं ढूंढ़ चुका हूँ।''

सत्यानंद उदास हुए। बोले, ''जो हो, इस प्रदेश पर हम लोगों का अधिकार हो चुका। यहाँ अब ऐसा कोई नहीं, जो अपना प्रतिद्व द्वी हो। सो इस वरेन्द्र भूमि को तुम लोग संतान–राज्य की घोषणा करो। प्रजा से कर वसूलो और राजधानी पर आक्रमण करने के लिए सेना–संग्रह करो। जब लोग सुनेंगे कि राज्य हिन्दुओं का हो गया तो बहुत बड़ी सेना संतानों की पताका फहराएगी।''

जीवानंद आदि ने सत्यानंद को प्रणाम करके कहा, ''महाराज, आज्ञा हो तो आपका सिंहासन यहीं तैयार करें।''

अपने जीवन में सत्यानंद ने यहीं पहली बार क्रोध प्रकट किया। बोले; ''मुझे तुम लोग खाली घड़ा समझते हो ? हम राजा नहीं है, हम हैं संन्यासी। अब देश के राजा स्वयं वैकुँठ नाथ हैं। नगर पर अधिकार हो जाने के बाद, तुम लोग जिसे चाहो, मुकुट पहनाना, मगर यह तै जानो कि मैं ब्रह्मचर्य के सिवाय दूसरा कोई आश्रम नहीं स्वीकार करूँगा। अब तुम अपने–अपने काम में जाओ।''

चारों ने सत्यानंद को प्रणाम किया और उठ खड़े हुए। सत्यानंद ने महेंद्र को रुकने का इशारा किया। तीनों जने चले गए। महेंद्र रुके। सत्यानंद ने महेंद्र से कहा, ''तुम लोगों ने विष्णु मंदिर में शपथ लेकर संतान धर्म ग्रहण किया था। भवानंद और जीवानंद, दोनों ने अपनी प्रतिज्ञा तोड़ी। भवानंद ने तो आज प्राण देकर प्रायश्चित्त किया। लेकिन एक ही भरोसा है, किसी गूढ़ कारण से अभी वह मर नहीं सकेगा। तुमने अपनी प्रतिज्ञा रखी है। प्रतिज्ञा थी कि जब तक संतानों का व्रत नहीं पूरा होगा, तुम स्त्री–कन्या का मुँह नहीं देखोगे। अब वह व्रत पूरा हो चुका, अब तुम चाहो तो गृहस्थ हो सकते हो।''

महेंद्र की आँखों से आँसू बहने लगा। बोले महाराज, ''गृहस्थ किसको लेकर होंगे? स्त्री ने तो आत्म–हत्या कर ली और बच्ची कहाँ है, पता नहीं। मैं कहाँ ढूँढूँ? आपने कहा, वह जिन्दा है। बस इतना ही जानता हूँ, और कुछ नहीं।''

सत्यानंद ने नवीनानंद को बुलाया। महेंद्र से कहा, ''ये हैं नवीनानंद। बड़े ही पवित्र और मेरे प्रिय शिष्य। यही तुम्हें तुम्हारी बिटिया की खोज बताएंगे।''

सत्यानंद ने शांति को कुछ इशारा किया। शांति समझ गई। वह जाने लगी तो महेंद्र ने पूछा, ''आपसे कहाँ भेंट होगी ?''

शांति ने कहा, ''मेरे आश्रम में आइए।'' वह आगे–आगे चली।

महेंद्र ने भी सत्यानंद को प्रणाम किया और शांति के साथ–साथ उसके आश्रम में गए। रात काफी हो चुकी थी। फिर भी शांति वहाँ से नगर की ओर चली।

सब चले तो माटी में माथा टेककर सत्यानंद ने ईश्वर का ध्यान शुरू किया। सवेरा हो गया। ऐसे में किसी ने आकर उनके मस्तक पर हाथ रखा–''मैं आ गया।''

ब्रह्मचारी चौंके। अकुलाकर बोले, ''आप? क्यों?'' आगंतुक ने कहा, ''समय पूरा हो गया।'' ब्रह्मचारी ने कहा, ''प्रभो, आज क्षमा करें। अगली माघी पूर्णिमा को मैं आपकी आज्ञा का पालन करूँगा।''

चौथा खण्ड

1

उस रात हरि नाम की गूँज से वह भूमि भर गई। दलों में बँटकर संतानगण जहाँ–तहाँ 'वन्देमातरम्' या 'जगदीश हरे' गाते फिरने लगे। जिसके जैसा जी में आया, शत्रुओं के हथियार या पोशाक छीनने लगे। कोई–कोई दुश्मन की लाश पर लात मारने लगे या ऐसा ही कुछ उत्पात करने लगे। कुछ संतान गाँव या शहर की तरफ दौड़े और रास्ते में जो राही या गृहस्थ मिलते, उनसे कहने लगे–कहो, वन्देमातरम्। नहीं कहोगे तो जान से मार डालेंगे। कोई हलवाई की दुकान लूटकर खाने लगे तो कोई ग्वाले के घर घुसकर दूध–दही के मटके में मुँह लगाने लगे। कहने लगे, हम सब ब्रज–गोप आए हैं, गोपी कहाँ हैं ? गाँव–गाँव, नगर–नगर में कोलाहल मच गया। लोग कहने लगे, मुसलमान हार गए। देश में अब हिन्दुओं का राज हुआ। जी खोलकर सभी हरि–हरि कहो। मुसलमान पर नजर पड़ते ही गाँव के लोग मारने दौड़ते। कुछ लोग तो रातों–रात मुसलमानों के टोलों में आग लगाकर घर लूटने लगे। अनेक मुसलमान मारे गए। बहुतों ने दाढ़ी घुटाकर चन्दन लगाया। राम नाम लेने लगे। अपने को हिन्दू कहने लगे।

गाँवों के मुसलमान आतंकित हो शहर की ओर भागने लगे। राज–पुरुषों की दौड़–धूप शुरू हो गई। जो थोड़े–से सिपाही बच रहे थे, नगर की रक्षा के लिए वे जुटकर डट गए। किले के हर घाट पर हथियारबन्द पहरेदार सतर्क हो गए। लोग रात–रात भर जगकर त्राहि–त्राहि करने लगे, जानें क्या होते क्या हो। हिन्दू कहने लगे, आए, संन्यासी आएं। भगवान करें कि हिंदुओं के भाग्य से वह दिन आए। मुसलमान कहने लगे, हाय अल्ला, इतने दिनों के बाद आखिर कुरान शरीफ झूठा हुआ। हम पाँच वक्त नमाज पढ़ते हैं और इन तिलकधारी हिन्दुओं को फतह नहीं कर सके ! दुनिया धोका है। ऐसी ही बातें करते हुए, हँसते–रोते लोग बड़े संशय में रात काटने लगे।

ये बातें कल्याणी के कानों तक पहुँचीं–किसी से भी कुछ छिपा न रहा। कल्याणी मन–ही–मन बोलीं, 'जय जगदीश्वर ! आज तुम्हारा कार्य पूरा हुआ। आज मैं अपने पति के पास जाऊँगी। हे देव, मेरी सहायता करो।'

गहरी रात में बिछावन से उठकर कल्याणी ने पीछे का दरवाजा खोला। इधर–उधर देखा। कोई कहीं नहीं दिखाई दिया तो चुपचाप राजपथ पर निकल पड़ीं। मन में देवता को स्मरण करके कहा, 'प्रभो, आज मैं पदचिह्न में उनके दर्शन पा सकूँ।'

वह शहर पहुँची। पहरेदार ने कड़ककर पूछा–"कौन?" डरती हुई वह बोलीं, "मैं एक स्त्री हूँ।" पहरेदार ने कहा, "जाने का हुक्म नहीं है।" पहरेदार की बात दफादार के कानों में गई। उसने कहा, "शहर में आने की रोक है, बाहर जाने की मनाही नहीं है।"

यह सुनकर पहरेदार ने कहा, "जाओ माता जी, जाने की मनाही नहीं है। लेकिन आज की रात बड़ा खतरा है। पता नहीं क्या हो। कहीं डकैत के चंगुल में पड़ जाओगी या गड्ढे में गिरकर मरोगी, नहीं कह सकता। आज रात बाहर मत जाओ।"

कल्याणी ने कहा, ''मैं भिखमंगिन हूँ। मेरे पास कानी कौड़ी भी नहीं। डाकू मुझे कुछ नहीं कहेंगे।''

पहरेदार ने कहा, ''कुछ न हो, उम्र तो है। यही तो जवाहरात है। हम ही डकैत हो सकते हैं।''

कल्याणी ने देखा, यह तो मुसीबत है। वे चुपचाप वहाँ से कतराकर निकल गईं। पहरेदार ने देखा, उसने रसिकता को नहीं समझा। मायूस होकर गाँजे का दम लगाया और झिंझिट खम्माच में टप्पा शुरू किया। कल्याणी चली गईं।

उस रात रास्तों में भीड़ थी, शोर था। कहीं मार–मार का शोर, कहीं भागो–भागो का। कोई हँस रहा था, तो कोई रो रहा था। जो जिसे देख लेता था, उसी को पकड़ने के लिए दौड़ता था। कल्याण ी बड़ी आफत में पड़ीं। रास्ता मालूम न था। किसी को पूछने की गुँजाइश न थी। सभी लड़ने को तैयार। छिपकर अँधेरे–अँधेरे में चलना पड़ रहा था। लेकिन बहुत छिपकर चलने के बावजूद मदमाते विद्रोहियों की एक जमात के सामने आ गईं।

सब उन्हें पकड़ने को लपके। बेचारी जान लेकर जंगल में भागीं। दो–एक दस्यु ने वहाँ भी उनका पीछा किया। एक ने आखिर उनका आँचल थाम लिया–अरी ओ चाँद ! इतने में किसी ने अचानक उस आदमी पर लाठी से वार किया। चोट खाकर वह पीछे हट गया। मारने वाला एक संन्यासी था। कम उम्र का। छाती कृष्णाजिन से ढँकी। उसने कल्याणी से कहा, ''डरो मत। मेरे साथ चलो। कहाँ जाना है ?''

कल्याणी ने कहा, ''पदचिह्न।''

संन्यासी आश्चर्य से चौंका। पूछा, ''पदचिह्न? अच्छा !'' यह कहकर उसने कल्याणी के कन्धे पर हाथ रखा और अँधेरे में बड़े ध्यान से उसके चेहरे को देखने लगा।

पुरुष के स्पर्श से कल्याणी अचानक रोमांचित हो उठी। भय, क्षोभ और विस्मय से उसकी आँखों में आँसू आ गए। भागने की शक्ति नहीं रह गई थी। उसे ध्यान से देख लेने के बाद आगंतुक ने कहा, "हरे मुरारे ! मैं पहचान गया, तुम कल्याणी हो !"

कल्याणी डर गई। पूछा, "आप?"

आगंतुक ने कहा, "सुन्दरी, मैं दासानुदास हूँ तुम्हारा। मुझ पर प्रसन्न होओ।

कल्याणी जल्दी से हट गयीं और फुफकार कर बोलीं, "अपमान करने के लिए ही क्या आपने मुझे बचाया।

बाना तो ब्रह्मचारी का है और यह धर्म ? मैं आज निरी असहाय हूँ, नहीं तो तुम्हारे मुँह पर लात मारती।"

ब्रह्मचारी ने कहा, "अरी ओ हँसमुखी, दिनों से मैं तुम्हारे नवनीत अंग के स्पर्श की कामना करता रहा हूँ।"–ब्रह्मचारी लपका और कल्याणी को पकड़कर उसने कसकर गले लगाया।

आलिंगन में आने के बाद कल्याणी हँस पड़ी। बोली, "अरी, पहले ही कहना चाहिए कि अपनी भी वही दशा है। शांति ने पूछा, "महेन्द्र की खोज में चली हो?"

कल्याणी ने कहा, "तुम कौन हो? देखती हूँ, तुम्हें सब मालूम है।"

शांति ने कहा, "मैं ब्रह्मचारी हूँ, संतान–सेना का सेनापति–वीर पुरुष। मैं सब जानती हूँ। आज लेकिन सिपाही और संतानों के उत्पात से जाना मुश्किल है।"

कल्याणी रोने लगीं।

शांति ने उनकी आँख पोंछकर कहा, "डर क्या है। चलो, हम नैनों के बाण से शत्रुओं का नाश करके पदचिह्न चलें।"

ऐसी बुद्धिमती का सहारा पाकर कल्याणी को मानो मुट्ठी में स्वर्ग मिला। बोलीं, ''तुम जहाँ से चलोगी, चलूँगी।''

शांति उसे जंगल से होकर ले चली।

2

शांति जब रात को अपनी कुटिया से नगर की ओर चली थी, तब जीवानंद आश्रम में मौजूद थे। जीवानंद से उसने कहा, ''मैं शहर जा रही हूँ। कल्याणी को लिवा लाऊँगी। तुम महेंद्र से कह रखो कि उनकी स्त्री जीवित है।''

जीवानंद ने भवानंद से कल्याणी के बच जाने का समाचार सुन रखा था और तमाम जानने वाली शांति से उन्हें यह भी मालूम हो गया था कि वह अभी कहाँ हैं। जीवानंद महेंद्र को सब बताने लगे।

महेंद्र ने पहले तो विश्वास नहीं किया। लेकिन अन्त में आनन्द से अभिभूत होकर मुग्ध हो गए।

वह रात बीती और प्रातःकाल शांति की सहायता से कल्याणी की महेंद्र से भेंट हुई। सुनसान जंगल, घने सखुए के नीचे अँधेरी छाया में चिड़ियों के जगने के पहले ही दोनों की भेंट हुई। दोनों की भेंट के साक्षी सिर्फ नीले आसमान के मंद–ज्योति नक्षत्र और स्थिर खड़े सखुओं की पांत रहे। दूर पर चट्टानों से टकराती हुई कलकल बहती सरिता पतली–सी, कहीं उदयाचल की उगती जोत को दीप कर उमंग से निकला कोकिला का स्वर।

एक पहर दिन हुआ। शांति और जीवानंद आए। कल्याणी ने शांति से कहा, ''हम आपके पास बिना दामों बिके हैं। हमारी बिटिया का पता बताकर इस उपकार को पूरा करें।''

जीवानंद की ओर ताककर शांति ने कहा, ''मैं अब सोऊँगी। आठ पहर हो गए, बैठी तक नहीं, दो रात से सोई नहीं—मैं पुरुष हूँ।''

कल्याणी जरा हँसी। महेंद्र को देखकर जीवानंद बोले, ''यह भार मुझ पर रहा। आप लोग पदचिह्न जाएँ, बिटिया वहीं जाएगी।''

जीवानंद निमाई के यहाँ से उस बच्ची को ले आने के लिए गए—काम यह आसान न लगा।

निमाई ने पहले तो थूक ढोंका, इधर—उधर देखा, फिर नाक—मुँह फुलाया और फिर रो पड़ी। कहा, ''बच्ची मैं नहीं दूँगी।''

हथेली की उलटी पीठ से आँख पोंछती हुई निमाई चुप रही। जीवानंद बोले, ''तो रोती क्यों हो। बहुत दूर तो है नहीं, कभी—कभी पदचिह्न जाकर देख आना।''

होंठ फुलाकर निमाई बोली, ''बच्ची तुम लोगों की है, ले जाओ, मेरा क्या?'' वह गई और सुकुमारी को लाकर पटक दिया और आप रोने लगी। लिहाजा जीवानंद और कुछ न कहकर दूसरी बातें कहने लगे। निमाई का गुस्सा लेकिन ठण्डा न पड़ा। वह अन्दर गई और सुकुमारी के कपड़े, गहने, खिलौने सब ला—लाकर जीवानंद के सामने फेंकने लगी। सुकुमारी ही उन सब चीजों को सहेजने लगी। निमाई से पूछने लगी, ''हाँ माँ, कहाँ जाना है।'' निमाई से और नहीं सहा गया। उसने उसे गोद में उठा लिया और रोती हुई चली गई।

3

पदचिह्न के नए किले में आज महेंद्र, कल्याणी, जीवानंद, शांति, निमाई, निमाई के पति, सुकुमारी—सब सानन्द इकट्‌ठे थे। शांति लेकिन नवीनानंद के ही वेश में थी। जिस रात वह कल्याणी को अपनी कुटिया में ले गई थी, उसी रात उससे कह रखा था, जिससे कल्याणी अपने पति से यह कहे कि नवीनानंद असल में स्त्री है। एक दिन कल्याणी ने उसे अन्दर बुला भेजा। नवीनानंद अन्दर पहुँचा। नौकरों ने जाने से रोका, पर उसने न माना।

जाकर कल्याणी से पूछा, ''बुलवाया किसलिए?''

कल्याणी ने कहा, ''आखिर पुरुष बने कब तक रहोगी? भेंट नहीं हो पाती है, बात नहीं कर पाती हूँ। मेरे पति के सामने तुम्हें बताना पड़ेगा।''

नवीनानंद चिंतित—सा हो रहा। देर तक कुछ नहीं बोला। अन्त में कहा, ''इसमें बड़े विघ्न हैं कल्याणी।''

दोनों में बातें होने लगी। उधर नौकरों ने जाकर महेंद्र से शिकायत की कि हमारे रोकने के बावजूद नवीनानंद अन्तःपुर में चले गए। कौतूहल हुआ, महेन्द्र भी गए, कल्याणी के शयनकक्ष में पहुँचे।

देखा, नवीनानंद खड़ा है और कल्याणी उसके बदन से बघछाला उतार रही है। महेंद्र बड़े चकित हुए, क्रोधित भी।

नवीनानंद ने उन्हें ददेखकर हँसते हुए कहा, ''क्यों गुसाई, संतान पर भी शक?''

महेंद्र ने कहा, ''भवानन्द गुसाई क्या विश्वासी थे ?''

आँखें घुमाकर नवीनानंद ने कहा, ''मगर कल्याणी क्या उनके बदन से बघछाला उतारती थीं।''—इतना कहकर उसने कल्याणी का हाथ दबा लिया। बघछाला नहीं उतारने दिया।

महेंद्र बोले—''नहीं उतारती थी तो क्या हुआ ?''

नवीनानंद, ''आप मुझ पर अविश्वास कर सकते हैं, लेकिन कल्याणी पर अविश्वास कैसे?''

महेंद्र अप्रतिभ हो पड़े। बोले, ''कहाँ, अविश्वास कहाँ किया ?''

नवीनानंद, ''नहीं किया तो मेरे पीछे—पीछे यहाँ क्यों आ पहुँचे !''

महेंद्र, ''कल्याणी से कुछ जरूरी बात थी, इसलिए आया।''

नवीनानंद, ''तो अभी जाइए। मुझे भी कुछ बात करनी है। आप जाइए, पहले मैं बात कर लूँ। आपका तो घर है—आप सदा आ सकते हैं। मैं तो मुश्किल से एक बार आया हूँ।''

महेंद्र बेवकूफ से बन गए। कुछ भी नहीं समझ सके, बातें कुछ अपराधी—सी तो नहीं, कल्याणी का भाव भी अजीब—सा। वह भी तो अविश्वासिनी—सी भागी नहीं, डरी नहीं, शर्मायी नहीं—कुछ भी नहीं। बल्कि धीमे—धीमे मुस्करा रही थी और फिर वह कल्याणी, जिसने सहज ही विष खा लिया था, अपराधिनी हो सकती है भला? महेंद्र यही सब उधेड़बुन में थे कि उनकी यह दशा देख शांति ने जरा हँसकर कल्याणी की ओर कटाक्ष से ताका। अँधेरा एकाएक

दूर हो गया। महेंद्र ने देखा, यह कटाक्ष तो रमणी का है। इसलिए हिम्मत करके उन्होंने नवीनानंद की दाढ़ी पकड़कर एक झटका दिया—नकली दाढ़ी तुरन्त अलग हो गई। बघछाला भी उतर गया, भेद खुल जाने से शांति ने सिर झुका लिया।

महेंद्र ने पूछा, ''तुम कौन ?''

शांति ने कहा, ''श्री नवीनानंद गोस्वामी।''

महेंद्र बोले, ''वह तो धोखेबाजी है। तुम स्त्री हो ?''

शांति बोली, ''अभी तो हूँ।''

महेंद्र, ''तो फिर यह बताओ, स्त्री हो और सदा जीवानंद के साथ क्यों रहती हो?''

शांति, ''आपको यह न ही बताया तो क्या।''

महेंद्र, ''क्या जीवानन्द को मालूम है कि तुम स्त्री हो ?''

शांति, ''जी हाँ।''

सुनकर साफ दिल महेंद्र बहुत उदास हो गए। इस पर कल्याण ी ने बताया, ये जीवानंद ठाकुर की धर्मपत्नी हैं, शांतिदेवी।

लमहे के लिए महेन्द्र का मुखड़ा खिल पड़ा और तुरन्त फिर स्याह हो गया। कल्याणी समझ गयीं। बोलीं, ''ये ब्रह्मचारिणी हैं।''

4

उत्तर बंगाल मुसलमानों के हाथ से निकल गया। लेकिन कोई मुसलमान इस बात को नहीं मानता। मन को आँख की कनखी से कहता, कुछ लुटेरों ने बड़ा उत्पात मचा रखा है, शासन हम कर रहे हैं। कहा नहीं जा सकता, इस प्रकार कितने दिन जाते, लेकिन ईश्वर के लिए वारेन हेस्टिंग्स इस समय कलकत्ते के गवर्नर–जनरल थे। वे मन को यों समझाने वाले आदमी न थे–ऐसा होता तो आज भारत में अंग्रेजों का साम्राज्य कहाँ होता ? सो संतानों को दबाने के लिए मेजर एडवर्ड नाम के दूसरे सेनापति नई सेना के साथ आ धमके।

एडवर्ड ने देखा, यह तो यूरोप की लड़ाई नहीं है। शत्रुओं की फौज नहीं है, नगर नहीं है, राजधानी नहीं है, किला नहीं है–मगर सब कुछ उनके कब्जे में है। जिस दिन जहाँ अंग्रेजी फौज का पड़ाव पड़ता, महज उसी दिन के लिए वह जगह अंग्रेजी फौज के अधीन होती–अंग्रेजी फौज हटी नहीं कि चारों ओर वंदेमातरम् की गूँज। साहब की समझ में नहीं आता कि रातों–रात चींटियों की कतार से कहाँ से आकर के ये लोग अंग्रेजों के कब्जे के गाँव को फूँक डालते या यदि अंग्रेजी फौज तादाद में कम होती तो देखते–ही–देखते उसे

नाश कर देते। खोज करते–करते आखिर को पता चला कि इन लोगों ने पदचिह्न में किला बनाया है और वहीं इन्होंने अपने हथियार और धन जमा किया है। इसलिए साहब ने उस किले को कब्जे में करने की ठानी।

अपने चर से वे पता लगाने लगे कि पदचिह्न में कितने संतान हैं। जो पता चला, उससे तुरन्त उस किले पर हमला करने में बुद्धिमानी नहीं समझी। उन्होंने एक अनोखी सूझ निकाली।

माघ की पूर्णिमा निकट थी। जहाँ उनका पड़ाव था, उसके पास ही नदी के तट पर एक मेला लगने को था। अबकी मेला और जोर–शोर से होगा। वैष्णवों का राज हुआ है, वों ही मेले में लाख की भीड़ हुआ करती है, अबकी वैष्णवगणों ने वहाँ बड़ी धूमधाम करने की सोची थी। इसलिए मेले में सभी संतानों के इकट्ठे होने की सम्भावना थी। मेजर एडवर्ड ने सोचा, पदचिह्न किले के रक्षक भी मेले में आ सकते हैं। उसी मौके से जाकर उस किले पर कब्जा करना होगा।

यह मनसूबा गाँठकर मेजर ने यह बात फैलाई कि हम मेले पर हमला करेंगे—वैष्णवों को इकट्ठा पाकर एक ही दिन में उनका नामनिशान मिटा देंगे। मेला नहीं लगने देंगे।

यह समाचार गाँव–गाँव में फैल गया। जहाँ जो संतान थे, वे हथियारबंद होकर मेले के बचाव के लिए लपके। माघी पूर्णिमा में सभी संतान मेले में आकर जुट गए। मेजर ने जो सोचा था वही हुआ। अंग्रेजों की खुशकिस्मती से महेंद्र भी इसी जाल में फँसे। थोड़े से सैनिकों को पदचिह्न में छोड़कर बाकी सबके साथ वे मेले के लिए रवाना हो गए।

जीवानंद और शांति इन बातों से पहले ही पदचिह्न से बाहर चले गए थे। युद्ध की कोई बात न थी, यही उस तरफ उनका मन

था। उनके मन की इच्छा थी कि माघी पूर्णिमा के पुण्यदिन में पवित्र जल में डुबकी लगाकर अपने किए पाप का प्रायश्चित्त करेंगे। लेकिन जाते–जाते रास्ते में उन्होंने सुना कि अंग्रेज मेले में सन्तानों से लड़ेंगे। सो जीवानंद बोले, तो अब युद्ध में ही प्राण देंगे, जल्दी चलो।

वे तेजी से बढ़े, रास्ता एक टीले पर से गया था। टीले पर से उन्होंने देखा कि नीचे कुछ ही दूर पर अंग्रेज का शिविर है शांति से कहा, मरने की बात अभी छोड़ो। बोलो, ''वंदेमातरम्।''

5

दोनों ने कानों कान जाने क्या सलाह की। सलाह करके जीवानंद जंगल में एक ओर छिपे, शांति दूसरी ओर छिप गई और एक अजीब रहस्य में तत्पर हुई।

शांति मरने जा रही थी, लेकिन तै किया था कि मरते वक्त नारी–रूप में ही रहेगी। महेंद्र ने कहा था, उसका पुरुषवेश धोखेबाजी है। धोखेबाजी के साथ मरना ठीक नहीं। इसलिए वह अपनी वह पिटारी साथ लाई थी, जिसमें उसकी साज–पोशाक रहती थी। शांति ने पिटारी खोली और वेश बदलने लगी।

कपाल में रसकली आँक कर उस पर कत्थई टीका काढ़ा और उस समय जैसा रिवाज था, चाँद के मुखड़े पर कुछ घनी लटें फैलाकर हाथ में सारंग लिए वैष्णवी के बाने में वह अंग्रेज के शिविर में गई। उसे देखकर धनी काली मूँछों वाले सिपाही मतवाले हो गए। किसी ने टप्पा, किसी ने गजल तो किसी ने भजन की फरमाइश की और सुना। किसी ने दाल, किसी ने चावल तो किसी ने पैसे, मिठाई दीं। वैष्णवी ने अपनी तेज निगाह से शिविर पर गौर किया और जाने लगी। जाते समय सिपाहियों ने पूछा, फिर कब आओगी ? वह बोली,

कह नहीं सकती, मेरा घर बहुत दूर है। सिपाहियों ने पूछा बहुत दूर कहाँ ? वह बोली, मेरा घर पड़ता है पदचिह्न। उस दिन मेजर साहब पदचिह्न की खोज–पूँछ कर रहे थे। एक सिपाही को यह मालूम था, वह वैष्णवी को कप्तान के पास ले गया, कप्तान उसे मेजर के पास ले गया। वैष्णवी ने तीखे कटाक्ष के साथ मीठा हँसकर मेजर का दिमाग झकझोरते हुए मंजीरे पर गाना शुरू किया—म्लेच्छ निवह निधने कलयसि करवालम्।

साहब ने पूछा, ''टुमारा मोकान काहाँ बीवी ?''

वैष्णवी बोली, ''मैं बीवी नहीं, वैष्णवी हूँ। मेरा घर पदचिह्न है।''

साहब, ''व्हेयर इज दैड ऐडसिन पडसिन? यआँ एकठो घड़ हाय?''

वैष्णवी, ''घर? बहुत–सा घर है।''

साहब, ''घर नेहीं, घड़......घड़......''

शांति, ''ओ, समझी! आपका मतलब है गढ़ !''

साहब, ''येस्, येस्, घड़।''

शांति, ''जी हाँ, गढ़ है, बहुत बड़ा गढ़।''

साहब, ''कितना लोग हाय?''

शांति, ''गढ़ में कितने आदमी हैं? होंगे बीस–पचास हजार।''

साहब, ''नान्सेन्स ! एकठो घड़ में डो–चार हजार रहने साकटा है। आबि होगा हुआँ के सब बाहर निकल गेया?''

शांति, ''बाहर कहाँ जाएगा साहब।''

साहब, ''मेला में नहीं गेया, टुम कब आया ?''

शांति, ''कल।''

साहब, ''वो सब भी निकल गेया होगा।''

शांति मन में बोली, 'बच्चू, तुम्हारा मैंने श्राद्ध न किया तो मेरा रसकली आँकना ही बेकार है। मैं देखूँगी कि कब सियार तुम्हारा कटा मुँड खाता है। प्रकट में बोली, ''कह नहीं सकती साहब, आज शायद निकल गए हों। मैं वैष्णवी ठहरी, माँग–माँगकर खाती हूँ, इतना क्या जानूँ। बोलते–बोलते गला सूख गया, कुछ दे दो साहब अपनी राह लूँगी, या कुछ इनाम–इकराम दो तो परसों आकर सब खबर बता दूँ।''

साहब ने झन् से एक रुपया फेंक दिया। कहा, ''परसों नहीं बीवी।''

शांति ने कहा, ''दुर कंवख्त, वैष्णवी बोल बीवी क्या।''

एडवर्ड, ''परसों नहीं, आज रात ही मुझे खबर मिलनी चाहिए।''

शांति, ''माथे पर बन्दूक लिए शराब पीकर नाक में नेल डाले सो रहो। मैं आज ही दस कोस जाऊँ और इन्हें खबर पहुँचाऊँ। छुछून्दर!''

एडवर्ड, ''छुछून्दर किसको वोलटा हाय?''

शांति, ''बड़े बहादुर को, जरनैल को।''

एडवर्ड, ''हम ग्रेट जेनरल हो सकटा है। क्लाइव की माफिक! लेकिन हामको आज खबर मिलना चाहिए। सौ रुपया इनाम देगा।''

शांति, ''सो साहब तुम सौ दो या हजार दो, इन टाँगों से बीस कोस जाना–आना नहीं हो सकता।''

एडवर्ड, ''घोड़े पर ?''

शांति, ''घोड़े ही चढ़ना आता तो मजीरा बजाकर तुम्हारे खीमें में भीख माँगती ?''

एडवर्ड, ''गोदी में ले जाएगा।''

शांति, ''गोदी में। मुझे क्या शर्म नहीं है ?''

एडवर्ड, "मुश्किल, पाँच सौ रुपेया डेगा।"

शांति, "कौन ले जायगा, तुम?"

साहब ने अंगुली से दूर खड़े एक नौजवान अंग्रेज की ओर दिखाकर कहा, "क्यों लिंडले, तुम जाओगे ?"

लिंडले ने शांति का रूप देखा और कहा, "खुशी से।"

एक बड़ा अरबी घोड़ा तैयार किया गया, लिंडले तैयार हो गया। सहारा देकर शांति को उस पर चढ़ाना चाहा, शांति ने कहा, "छिः! इतने लोगों के सामने? मुझे क्या शर्म नहीं है ? पहले पड़ाव से बाहर हो लो।"

लिंडले घोड़े पर सवार हो गया और धीरे–धीरे आगे बढ़ा। शांति पीछे–पीछे पैदल चली। दोनों शिविर से बाहर हो गए।

बाहर एकांत में शांति लिंडले के पाँव पर पैर रखकर उछलकर घोड़े की पीठ पर जा बैठी। लिंडले बोल उठा, "तुम तो पक्का घुड़सवार है ?"

शांति ने कहा, "हम ऐसे घुड़सवार हैं कि तुम्हारे साथ सवारी करने में शर्म आती है। छिः! रिकाब पर पैर रखकर घोड़े पर चढ़ते हो ?"

बड़ाई के लिए लिंडले ने रिकाब पर से पाँव हटा लिया। रिकाब से पाँव हटाना था कि शांति ने मूर्ख अंग्रेज को गले में हाथ डालकर नीचे ढकेल दिया। घोड़े को एड़ लगाई, अरबी घोड़ा हवा हो गया। संतानों के साथ चार साल रहकर शांति ने घुड़सवारी का अभ्यास किया था। नहीं सीखती तो जीवानंद के साथ रह सकती थी ? लिंडले का पैर टूट गया। वह वहीं पड़ा रहा, शांति तेजी से घोड़ा दौड़ाकर निकल गई।

शांति जीवानंद के पास गई और उन्हें सारा समाचार कहा। जीवानंद ने कहा, "तो मैं जाकर तुरन्त महेंद्र को सतर्क कर दूँ। तुम

मेले में जाकर सत्यानंद को खबर दो। घोड़े पर जाओ, जिसमें प्रभु को शीघ्र समाचार मिले, दोनों दो तरफ चल दिए।" कहना फिजूल है कि शांति फिर नवीनानंद हो गई।

6

एडवर्ड पक्का अंग्रेज था, हर नाके पर उसके आदमी तैनात थे। उसे जल्दी ही यह समाचार मिल गया कि लिंडले को घोड़े से नीचे धकेलकर वैष्णवी घोड़े पर आप जाने कहाँ चम्पत हो गई। सुनते ही एडवर्ड कह उठे, ''शैतान की बच्ची! तम्बू उखाड़ो।''

कहना था कि तम्बुओं पर खटाखट चोट पड़ी। देखते ही देखते मेघों की बनी अमरावती की नाईं कपड़ों की वह पुरी गायब हो गई। सब माल गाड़ी पर लादा गया। आदमी या तो घोड़े पर सवार हुए या पाव–पयादे। हिन्दू, मुस्लिम, मद्रासी, गोरे–सब कन्धे पर बन्दूक सम्हाले चल पड़े। तोपों की गाड़ियाँ घड़घड़ की आवाज करने लगीं।

इधर, संतान–सेना के साथ महेंद्र मेले की तरफ बढ़ रहे थे। तीसरे पहर उन्होंने सोचा, ''बेला झुक आई, अब डेरा डाला जाए।''

शिविर कायम करने की जरूरत महसूस हुई। मगर वैष्णवों के तम्बू कहाँ ? पेड़ तले बोरा–चट्टी डाल दी और पड़ गए। भगवान का चरणामृत पीकर रात काट दी, जो भूख रही, सो वैष्णवी के अधरामृत से पूरी हुई। पास ही शिविर के लायक जगह थी। एक बड़ा–सा बगीचा–आम, कटहल, इमली, बबूल के पेड़।

महेंद्र ने आज्ञा दी, यहीं शिविर बनाओ। पास ही एक टीला था, चढ़ने में रूखा, कठिन। सोचा, उसे भी देख लें, अगर वहाँ पड़ाव डालना अच्छा हो।

घोड़े पर सवार हो महेंद्र धीरे–धीरे टीले पर चढ़ने लगे। कुछ ही दूर गए होंगे वे कि एक तरुण सैनिक वैष्णवों की सेना में घुसकर बोला, "चलो, टीले पर चलो।"

अचरज से सबने पूछा, "क्यों?"

वह वीर माटी के टीले पर खड़ा होकर बोला, "इस चांदनी रात में पहाड़ की चोटी पर चलो, नवीन वसंत के नए फूलों की खुशबू लेते हुए आज हमें शत्रुओं से लड़ना होगा।"

संतानों ने देखा, आगंतुक जीवानंद थे। सबने हरे मुरारे का नारा लगाया और भाला उठाकर ऊंचे हो गए। जीवानंद के पीछे–पीछे सब तेजी से टीले पर चढ़ने लगे। एक ने कसा हुआ घोड़ा लाकर जीवानंद को दिया। दूर से यह देखकर महेंद्र अचरज में पड़े। अरे, बिना कहे ये सब चले कैसे आ रहे हैं!

महेंद्र ने घोड़े को चाबुक लगाया और उसे बेतहाशा भगाकर नीचे उतरने लगे। संतान–सेना के आगे जीवानंद थे। उन पर नजर पड़ते ही पूछा, "बात क्या है! यह कैसा आनंद?"

जीवानंद ने हंसकर कहा, "आज बड़ा आनंद है। टीले के उस पार एडवर्ड साहब हैं। जो पहले टीले पर पहुंचेगा, उसकी जीत होगी।

जीवानंद ने संतानों से पुकारकर कहा, "मुझे पहचानते हो? मैं जीवानंद गोस्वामी हूं। मैंने अकेले हजार शत्रु की जान ली है।"

यह सुनते ही कानन–प्रांतर को गुंजाती हुई आवाज उठी, "जानते हैं, आप जीवानंद गोस्वामी हैं।"

जीवानंद ने कहा, ''कहो हरे मुरारे।''

हजारों की ध्वनि से जंगल गूंज उठा।

जीवानंद बोले, ''टीले के उस पार शत्रु हैं। आज रात उस टीले पर से संतान–सेना लड़ेगी। तेजी से बढ़ो। जो पहले टीले पर पहुंचेगा, वही जीतेगा। बोलो, वंदेमातरम्।''

वंदेमातरम् की मधुर सामूहिक ध्वनि गूंज उठी। संतानगण धीरे–धीरे टीले पर चढ़ने लगे। लेकिन अचानक भीत होकर उन्होंने देखा, महेंद्र सिंगा फूंकते हुए तेजी के साथ घोड़े पर सवार उतर रहे हैं। देखते–देखते उस टीले पर अंग्रेजों की तोपें गोलंदाज सहित सज गईं। वैष्णव सेना जोर से गा उठी,

तुमि विद्या तुमि भक्ति

तुमि मां बाहुते शक्ति

त्वं हि प्राणाः शरीरे।

लेकिन अंग्रेजी तोपों की गरज में गीत की वह ध्वनि दब गई। सैकड़ों संतान घायल या मृत होकर वहीं गिर गए। फिर तोप की गरज दधीचि की हड्डी को व्यंग करता हुआ, समुद्र की तरंगों को तुच्छ करता हुआ अंग्रेजों का वज्र बरसने लगा। किसान के हंसिए से जैसे धान कटता है, संतान–सेना लुढ़कने लगी। जीवानंद और महेंद्र का प्रयत्न व्यर्थ ही होता रहा। जैसे चट्टान लुढ़कती है, वैष्णवी सेना उसी तरह टीले से नीचे लुढ़कने लगी। कौन किधर भागे, ठीक नहीं। उत्साह पाकर सबका विनाश करने के लिए हुर्रे–हुर्रे करके संतानों पर अंग्रेज–सेना टूट पड़ी। पहाड़ से छूटकर प्रपात जैसे वेग से नीचे दौड़ता है, अंग्रेज उसी तरह टीले से उतरकर संतानों के पीछे दौड़े। जीवानंद जैसे ही एक बार महेंद्र के सामने आए, बोले, ''आज, सब शेष। चलो हम मरें।''

महेंद्र ने कहा, "मरने से अगर लड़ाई में जीत होती तो खुशी से मरते। नाहक मरना वीर का धर्म नहीं।"

जीवानंद बोले, "मैं नाहक ही मरूंगा, मगर युद्ध ही में मरूंगा, और पीछे पलटकर उन्होंने आवाज दी, हरिनाम करते हुए कौन मरना चाहते हो, मेरे साथ आओ।"

इस पुकार पर बहुत–से लोग बढ़े। जीवानंद ने कहा, "ऐसे नहीं, ईश्वर के सामने शपथ लो कि जीते–जी नहीं लौटेंगे।"

जो लोग आगे बढ़े थे, पीछे हट गए। जीवानंद ने कहा, "कोई नहीं आओगे? तो मैं अकेले ही चलता हूं।"

घोड़े की पीठ पर और थोड़ा उचक कर पीछे खड़े महेंद्र को पुकार कर जीवानंद ने कहा, "भाई, नवीनानंद से कह दीजिएगा, मैं चला। अब दूसरे लोक में भेंट होगी।"

वीर जीवानंद लोहे की बारिश में वेग से आगे बढ़े। बाएं हाथ में भाला, दाएं हाथ में बंदूक और होंठों पर हरे मुरारे। हरे मुरारे। हरे मुरारे। युद्ध की संभावना नहीं, इस हिम्मत का कोई लाभ नहीं, फिर भी हरे मुरारे रटते हुए जीवानंद शत्रुओं के व्यूह में धंस गए।

भागते हुए संतान–सैनिकों को पुकार का महेंद्र ने कहा, "तुम लोग लौटकर जीवानंद गोस्वामी को देखो। देखने में नहीं मरोगे।"

कुछ संतानों में मुड़कर जीवानंद की अमानुषिक कीर्ति देखी। पहले तो वे अवाक् रह गए। फिर बोले, "जीवानंद मरना जानते हैं, हम मरना नहीं जानते? चलो भाइयों, हम भी मर कर बैकुंठ चलें।"

उस सैनिक की यह बात सुनकर कुछ संतान बढ़े, उनकी देखा–देखी में कुछ और संतान भी लौटे, उनकी देखा–देखी कुछ और। बड़ा झमेला हुआ। जीवानंद शत्रुओं के व्यूह में घुस गए थे, संतानों ने उन्हें कहीं देखा ही नहीं।

इधर युद्धभूमि के बाकी संतानों ने देखा कि कुछ संतान फिर लौट रहे हैं। सबने समझा, संतानों की जीत हुई, वे शत्रुओं को खदेड़ते जा रहे हैं। सो सभी संतान 'मार–मार' करते हुए अंग्रेजी फौज पर टूट पड़े।

इधर अंग्रेजों में भारी खलबली मची। सिपाही लड़ने का ध्यान न देकर दोनों तरफ से भाग रहे थे, गोरे भी संगीन ऊंची किए शिविर की ओर दौड़ रहे थे। महेंद्र ने इधर–उधर नजर दौड़ाई। देखा, टीले के शिखर पर असंख्य संतान–सेना दिखाई पड़ रही है। वे वीरता के साथ उतरकर अंग्रेजों पर आक्रमण कर रहे हैं। यह देखकर वे संतानों से बोले, संतानों, देखो शिखर सत्यानंद गोस्वामी की पताका फहरा रही है—आज मधुकैटभ विनाशी स्वयं मुरारी युद्धभूमि में उतरे हैं—शिखर पर लाख संतान हैं। उठो। हरे मुरारे कहकर शत्रुओं पर चढ़ दौड़ो। ऊपर एक लाख संतान हैं।

इसके बाद 'हरे मुरारे' के तुमुल निनाद से वन–प्रांतर गूंज उठा। माभैः–माभैः कहते हुए अस्त्रों की मधुर ध्वनि से संतानों ने सब जीवों को विमोहित किया। महेंद्र की सेना तेजी से ऊपर चढ़ने लगी। चट्टान से टकराने वाले झरने की तरह राज–सेना भीत और स्तंभित हो गई। पच्चीस हजार सेना लेकर सत्यानंद ब्रह्मचारी टीले पर उमड़ते हुए सागर की तरह शत्रुओं पर टूट पड़े। बड़ी भारी लड़ाई हुई।

दो चट्टानों के संघर्ष में जैसे मक्खी पिस जाती है, वैसे ही ऊपर और नीचे, दोनों ओर से आने वाली संतान–सेना से राजा की सेना पिस गई।

ऐसा भी आदमी न बचा, जो वारेन हेस्टिंग्स के पास खबर लेकर जाए।

7

पूर्णिमा की रात। वह भीषण युद्ध भूमि शांत थी। घोड़े की टापों का वह आवाज बंदूक की धायं–धड़ाम, तोपों की गरज, यह सब कुछ न थी। न कहीं हुर्रे की आवाज, न हरे मुरारे की ध्वनि। केवल स्यार, कुत्ते और गिद्धों की आवाज। घायलों की चीख–पुकार। किसी का हाथ गायब, किसी का सर टूटा, किसी का पैर टूटा, किसी के पंजरे में जख्म। कोई घोड़े के नीचे आ गया। कोई मां तो कोई बाप–बाप कर रहा है। कोई पानी–पानी चिल्ला रहा है, कोई मौत मांग रहा है। बंगाली, अंग्रेज, मुसलमान–सब साथ। जीवित मृत, घोड़ा–आदमी सब एकाकार। माघ की पूर्णिमा को उस रात में भयंकर सर्दी और चांदनी में रणभूमि बड़ी भयंकर दिखाई दे रही थी। किसी को वहां जाने का साहस नहीं होता।

किसी को साहस नहीं होता, मगर एक नारी उस गहरी रात में उस भीषण युद्ध क्षेत्र में घूम रही थी। हाथ में एक मशाल लिए वह लाशों में क्या ढूंढ़ रही थी। हर लाश का चेहरा देखती। एक को देखकर फिर दूसरे को देख रही थी। वहीं किसी घोड़े के नीचे लाश पड़ी थी, वह बड़े कष्ट से घोड़े को हटाकर लाश को देखती।

जब देख लेती कि वह जिसे ढूंढ़ रही है, यह वह नहीं है, तो मशाल लेकर हट जाती। इस तरह वह सारे मैदान की खाक छान गई, लेकिन जिसे ढूंढ़ रही थी, वह कहीं न मिला। उसने मशाल फेंक दी और लाश और लहू से पटी भूमि पर लोटकर रोने लगी। वह थी शांति–जीवानंद का शव ढूंढ़ रही थी।

वह लोट–लोटकर रो रही थी कि एक मधुर–करुण ध्वनि उसके कानों में पहुंची। कोई मानो कह रहा था, ''उठो बिटिया, रोओ मत।'' शांति ने आंखें उठाकर देखा, सामने एक अनोखा दृश्य है। चांदनी में एक जटा–जूटधारी विशाल मूर्ति खड़ी है।

शांति उठ खड़ी हुई। आगंतुक महापुरुष ने कहा, ''रोओ मत बेटी। जीवानंद का शव मैं ढूंढ़ देता हूं। मेरे साथ चलो।''

महापुरुष शांति को अपने साथ युद्ध भूमि में ले गए। एक पर एक लाशों का ढेर लगा था। शांति सबको हटाकर देख नहीं पाई थी। बलवान महापुरुष ने उस ढेर में से एक शव को निकाला। शांति ने पहचाना, वही जीवानंद का शव था। सारे शरीर पर घाव। लहू–लुहान। शांति मामूली स्त्री जैसे रोने लगी। महापुरुष ने फिर कहा, ''रोओ मत बेटी। जीवानंद मरा थोड़े ही है। जरा स्थिर होकर उसके बदन पर हाथ रखो। पहले नब्ज देखो।''

शांति ने नाड़ी देखी। कोई गति न थी उसमें। महापुरुष ने कहा, ''छाती पर हाथ रखकर देखो।''

शांति ने छाती पर भी हाथ रखकर देखा। जरा भी धड़कन नहीं। बिल्कुल ठंडी पड़ी थी।

महापुरुष ने कहा, ''नाक के पास हाथ रखकर देखो, थोड़ी–बहुत भी सांस चलती है या नहीं?''

शांति ने वह भी देखा। कुछ नहीं।

उन्होंने फिर कहा, ''फिर से देखो! मुंह के अंदर अंगुली रखकर देखो, थोड़ी भी उष्णता है?''

अंगुली डालकर शांति ने देखा। कहा, ''कुछ समझ नहीं पा रही हूं।''—वह आशा मुग्ध हो गई थी।

महापुरुष ने बाएं हाथ से जीवानंद के शरीर को छुआ। बोले, ''तुम डर से हताश हो गई हो, इसी से समझ नहीं पा रही हो। शरीर में अभी भी कुछ—कुछ ताप लगता है। फिर से देखो तो सही!''

शांति ने फिर से नाड़ी देखी। सचमुच गति थी। चकित होकर छाती पर हाथ रखा—धुकधुकी थी थोड़ी—थोड़ी! नाक के पास उंगली रखी—हल्की—हल्की चल रही थी सांस। मुंह के अंदर थोड़ी—सी उष्णता मिली। अचरज से उसने पूछा, ''जान थी या अब आ रही है?''

वे बोले, ''ऐसा भी कहीं होता है बिटिया! अच्छा, तुम उसे उठाकर तालाब के पास ले चल सकोगी। मैं चिकित्सक हूं, इसका इलाज करूंगा।'' शांति सहज ही जीवानंद को गोद में उठाकर तालाब की ओर चली। चिकित्सक ने कहा, ''ले जाकर पानी में सारा लहू धो दो। मैं दवा लेकर आ रहा हूं।''

शांति ने तालाब में जीवानंद का लहू धोया। इतने में जड़ी—बूटी के साथ चिकित्सक पहुंचे। उन्होंने घावों पर लेप लगाया और बार—बार जीवानंद के सारे शरीर पर हाथ फेरा। जीवानंद एक लंबा निःश्वास लेकर उठ बैठे। शांति को देखकर पूछा, ''लड़ाई में जीत किसकी हुई?''

शांति बोली, ''जीत तुम्हारी ही हुई। इन महात्मा को प्रणाम करो। मगर अचरज से दोनों ने देखा, कहीं कोई नहीं। प्रणाम किसे करें?''

पास ही विजयी संतान—सेना का कोलाहल सुनाई पड़ रहा था, लेकिन न तो शांति उठी, न जीवानंद उठे। दोनों उस खिली चांदनी

से चमकती हुई सीढ़ियों पर बैठे रहे। दवा के चमत्कार से जीवानंद के घाव बहुत जल्दी ठीक हो आए। वे बोले, ''शांति! चिकित्सक की दवा में अनोखा चमत्कार है! मेरे शरीर में अब जरा भी दर्द नहीं, तनिक भी थकावट नहीं। जहां चलना हो, चलो। वह सुनो, संतान–गण का विजयोल्लास सुनाई पड़ रहा है।''

शांति ने कहा, ''अब वहां नहीं। मां का काम पूरा हुआ, देश संतानों का हुआ। हमें राज्य का हिस्सा नहीं चाहिए। अब वहां किस लिए जाना?''

जीवानंद–''इसलिए कि जिसे हासिल किया है, बाहुबल से उसकी रक्षा करें।''

शांति–––रक्षा के लिए महेंद्र है, सत्यानंद स्वयं है। प्रायश्चित्त करके तुमने संतान–धर्म के लिए जान दी थी–फिर से प्राप्त हुए इस शरीर पर संतानों का कोई अधिकार नहीं हैं। संतानों के लिए हम मर चुके। अब अगर वे हमें देखेंगे तो कहेंगे कि युद्ध के समय प्रायश्चित्त के डर से जीवानंद छिप गए थे। अब जब विजय हुई तो राज्य के हिस्से के लिए आए हैं।''

जीवा., ''कहती क्या हो! लोगों की निंदा के डर से अपना काम छोड़ देंगे? मां की सेवा करना मेरा काम है। कोई कुछ कहे, मैं मातृ सेवा ही करूंगा।''

शांति, ''तुम्हें अब इसका अधिकार नहीं, क्योंकि मातृ सेवा के लिए तुम प्राण दे चुके हो। अगर फिर से तुम माता की सेवा कर पाओ तो प्रायश्चित्त क्या हुआ? इस प्रायश्चित्त की मुख्य बात ही मातृ सेवा से वंचित होना है। वरना एक तुच्छ प्राण का त्याग कौन–सी बड़ी बात है?''

जीवा., ''शांति तुम्हीं सार समझ सकती हो। मैं यह प्रायश्चित्त अधूरा नहीं छोडूंगा। संतान–धर्म में मुझे सुख है–उस सुख से अपने

को वंचित करूंगा। लेकिन जाऊंगा कहां। मातृ सेवा छोड़कर घर में सुख भोग करते तो नहीं बनेगा।''

शांति, ''मैं यह थोड़े ही कह रही हूं। हम अब गृही नहीं हैं। हम ऐसे ही संन्यासी रहेंगे और ब्रह्मचर्य का पालन करेंगे। चलो, घूम–घूम कर तीर्थ–दर्शन करें।

जीवा., ''और उसके बाद?''

शांति, ''उसके बाद हिमालय में कुटिया बनाकर देवता की अराधना करेंगे, ऐसा वरदान मांगेंगे, जिसमें मां का कल्याण हो।''

दोनों उठे। एक–दूसरे का हाथ पकड़ कर अनंत में अंतर्हित हो गए।

हाय! फिर आएंगे या नहीं! जीवानंद जैसा पुत्र, शांति जैसी पुत्री फिर गर्भ में धारण करोगी?

8

रणक्षेत्र में किसी से कुछ कहे बिना ही सत्यानंद प्रभु आनंदमठ में चले आए। गहरी रात में वे विष्णु–मंडप में ध्यान में बैठे। ऐसे समय वह चिकित्सक वहां पहुंचे। उन्हें देखकर सत्यानंद उठे और प्रणाम किया।

चिकित्सक ने कहा, ''सत्यानंद आज माघ की पूर्णिमा है।'' सत्यानंद बोले, ''चलिए, मैं तैयार हूं। लेकिन हे महापुरुष, मेरी एक शंका का समाधान कीजिए। मैंने जिस घड़ी लड़ाई जीतकर सनातन धर्म को निष्कंटक किया, उसी घड़ी मुझे प्रत्याख्यान का आदेश क्यों मिला?''

जो आए थे, उन्होंने कहा, ''तुम्हारा काम पूरा हो गया। मुसलमान राज्य ध्वंस हो गया। अब अभी तुम्हारे लिए कोई काम नहीं है। नाहक हत्या की अब आवश्यकता नहीं।

सत्या., ''मुसलमान राज्य ध्वंस हो गया, पर हिंदू राज्य अभी कायम नहीं हुआ है। अभी भी कलकत्ते में अंग्रेज प्रबल हैं।''

वे बोले, ''हिंदू राज्य कभी कायम नहीं होगा। तुम्हारे रहने से नाहक नर–हत्या होगी। इसलिए चलो।''

यह सुनकर सत्यानंद गहरी पीड़ा से कातर हो उठे। बोले, "प्रभु अगर हिंदू राज्य नहीं स्थापित होगा, तो राजा कौन होगा? फिर क्या मुसलमान ही राजा होगा?"

वे बोले, "नहीं राजा अंग्रेज होगा।"

सत्यानंद की दोनों आंखों से आंसू बहने लगे, "ऊपर की जननी–जन्मभूमि की मूर्ति की ओर देखकर वाष्परुद्ध कंठ से कहने लगे, हाय माता, तुम्हें मुक्ति न दिला सका। अब तुम म्लेच्छों के हाथ जाओगी। संतान का अपराध न लेना। हाय, आज लड़ाई में मेरी मृत्यु क्यों न हुई?"

चिकित्सक ने कहा, "सत्यानंद, कातर मत होओ। बुद्धि के भ्रम से तुमने दस्युवृत्ति द्वारा धन संग्रह करके लड़ाई जीती है। पाप का फल कभी पवित्र नहीं होता। इसलिए तुम देश का उद्धार नहीं कर सकते। और, जो होगा, भला ही होगा। अंग्रेजों के राजा न होने से संतान धर्म के पुनरुद्धार की संभावना नहीं। इसे महापुरुषों ने जैसा समझा है, वैसा ही तुम्हें समझाऊं। ध्यान देकर सुनो। तैंतीस करोड़ देवता की पूजा सनातन धर्म नहीं है, वह एक अपकृष्ट लौकिक धर्म है, उसके प्रभाव से सच्चा सनातन धर्म–म्लेच्छ जिसे हिंदू धर्म कहते हैं–लुप्त हो गया है। प्रकृत सनातन धर्म ज्ञानात्मक है, कर्मात्मक नहीं। वह ज्ञान दो तरह का है, बाहरी और आंतरिक। आंतरिक जो ज्ञान है, वही सनातन धर्म का प्रधान अंग है। लेकिन बिना वहिर्ज्ञान के अंतर्विषयक ज्ञान पैदा होने की संभावना नहीं। स्थूल क्या है, यह जाने बिना सूक्ष्म को नहीं जाना जा सकता। इस देश में बहुत दिनों से वहिर्विषयक ज्ञान लुप्त हो गया है–इसीलिए प्रकृत सनातन ध र्म को फिर से जगाने के लिए पहले वहिर्ज्ञान का प्रचार आवश्यक है। अभी वह ज्ञान देश में नहीं है, उसे सिखा सके, ऐसा आदमी नहीं है, हम लोक शिक्षा में कुशल नहीं हैं। अतएव दूसरे देश से

वहिर्विषयक ज्ञान लाना होगा। अंग्रेज इस ज्ञान के पंडित हैं, लोक शिक्षा में पटु हैं। फलस्वरूप अंग्रेज को राजा बनाएंगे। अंग्रेजी शिक्षा से लोग बाहरी तत्त्व के जानकार होकर अंतस्तत्व को समझने में समर्थ होंगे। तब सनातन धर्म के प्रचार की कोई बाधा नहीं रहेगी। तब सच्चा धर्म स्वयं, पुनरुद्दीप्त होगा। जब तक ऐसा नहीं होता, तब तक हिंदू ज्ञानवान, गुणवान और बलवान नहीं होते, तब तक अंग्रेजी राज्य अवश्य रहेगा। अंग्रेजी राज्य में लोग सुखी होंगे—निष्कंटक धर्माचरण करेंगे। अतएव अंग्रेजों से लड़ने की चिंता छोड़ मेरा अनुसरण करो।''

सत्यानंद ने कहा, ''हे महात्मन्, अगर अंग्रेजों को राजा बनाना ही चाहते थे, देश के लिए इस समय अगर उन्हीं का राज्य कल्याण ाकर है, तो फिर हमें इस नृशंस काम में क्यों लगाया?''

महापुरुष ने कहा, ''अंग्रेज अभी बनिया हैं, उनका ध्यान ध ान कमाने पर है, राज्य शासन का भार नहीं लेना चाहते। इस संतान–विद्रोह के कारण वे शासन का भार लेने को मजबूर होंगे क्योंकि बिना राज्य शासन के धन कमाना संभव न होगा। अंग्रेज राज्यभिषिक्त हों, इसीलिए यह संतान–विद्रोह हुआ। चलो, ज्ञान प्राप्त करके तुम स्वयं सारी बातें समझोगे।''

सत्या., ''महात्मन्, मुझे ज्ञान लाभ की आकांक्षा नहीं—ज्ञान की जरूरत नहीं मुझे। मैंने जो व्रत लिया है, उसी का पालन करना है। आशीर्वाद कीजिए। मेरी मातृ–भक्ति अविचल हो।''

महापुरुष, ''तुम्हारा व्रत सफल हुआ—तुमने मां का मंगल किया, अंग्रेजों का राज्य ले आए। अब लड़ाई–झगड़ा छोड़ो, लोग खेती–बारी में लगें, धरती अनाज से भरी–पूरी हो, लोग खुशहाल और उन्नत हों।''

सत्यानंद की आंखों में चिनगारी छिटक पड़ी। बोले, ''हम शत्रुओं के लहू से माता को नहला कर शस्यश्यामला बनाएंगे।''

महापुरुष, ''कौन शत्रु? शत्रु अब नहीं है। अंग्रेज मित्र हैं। और ऐसी शक्ति भी किसी में नहीं, जो अंग्रेजों से युद्ध में जीत सके।''

सत्या., ''शक्ति ऐसी नहीं है तो माता की प्रतिमा के सामने जीवन दे दूंगा।''

महापुरुष, ''अज्ञान में? चलो, ज्ञान लाभ करना। हिमालय–शिखर पर मातृ–मंदिर हैं, वहां मातृ–मूर्ति दिखलाऊंगा।''

महापुरुष ने सत्यानंद का हाथ पकड़ा। कैसी अपूर्व शोभा! उस गंभीर–विष्णु मंदिर की विशाल चतुर्भुज मूर्ति के सामने मद्धि म प्रकाश में खड़े ये दो महाप्रतिभावान पुरुष–एक–दूसरे का हाथ पकड़े। किसने किसे पकड़ा है? ज्ञान ने आकर भक्ति को पकड़ा है, धर्म ने आकर कर्म को पकड़ा, विसर्जन ने प्रतिष्ठा को....कल्याणी ने शांति को पकड़ा है। यही सत्यानंद शांति हैं, यही महापुरुष कल्याणी। सत्यानंद प्रतिष्ठा है, महापुरुष विसर्जन।

विसर्जन आकर प्रतिष्ठा को ले गया।